평양 호남리 고구려 무덤

정경일(鄭京日) 지음
하문식(河文植) 옮김

평양 호남리 고구려 무덤

지은이	정경일
옮긴이	하문식
펴낸이	최병식
펴낸날	2020년 9월 28일
펴낸곳	주류성출판사

서울특별시 서초구 강남대로 435 (서초동 1305-5)

TEL | 02-3481-1024 (대표전화) • FAX | 02-3482-0656

www.juluesung.co.kr | juluesung@daum.net

값 20,000원

잘못된 책은 교환해 드립니다.

ISBN 978-89-6246-426-9   93910

평양 호남리 **고구려 무덤**

정경일(鄭京日) 지음
하문식(河文植) 옮김

주류성

한국어판 서문

어쩌다 역사학 공부를 시작하여 한국고대사를 전공으로 선택하고 고구려 벽화무덤과 인연을 맺게 되었다. 그리고 어느덧 마흔이 되었다.

돌아보면 필자에게는 20년을 단위로 집착한 일들이 있었다. 고향인 길락(吉樂)에서의 첫 20년은 오직 한 가지 생각뿐이었다. 공책도 없이 연필 한 자루 얻어 쥐고 학생 수가 50명도 채 안 되는 초등학교에 입학한 뒤부터는 첩첩산중에서 벗어나기 위해 열심히 공부했다. 대학에 진학한 후 연변대학(延邊大學)에서의 20년 동안은 고구려 역사를 배우고 알기 위해 찾을 수 있는 고구려 관련 책이라면 덮어놓고 사들이고 고구려 유적이라면 그 어디든 찾아 떠나는데 최선을 다했다.

2008년 8월 27일은 처음으로 필자가 북한 땅을 밟았던 아주 특별한 날이었다. 그때부터 해마다 서너 차례 북한을 방문하게 되었고 새로이 발견되는 고구려·발해 유적들을 벅찬 가슴으로 수시로 접할 수 있게 되었다. 고구려사 전공자인 필자에게는 하늘이 내린 축복이 아닐 수 없다. 특히 옥도리 벽화무덤(2010)·호남리 벽화무덤(2013)·신대동 벽화무덤(2016)·보성리 벽화무덤(2017)·긴골동 벽화무덤(2019) 등의 고구려 벽화무덤 발굴에 참여하게 된 것은 큰 행운이었다.

이 책은 그 가운데 2013년 8월부터 10월까지 조선사회과학원 고고학연구소와 함께 진행한 평양시 삼석구역 호남리 2지구에 위치한 고구려 무덤 4기에 대한 발굴 결과물인 『湖南里：2013年平壤市三石區域湖南里高句麗古墓群Ⅱ區發掘報告』(香港亞洲出版社, 2015)의 한국어판이다.

출판사로부터 한국어판의 서문이 필요하다는 연락을 받고 고민하다가 부족한 책이 나올 수 있도록 도와주신 여러 분들께 이 기회에 감사의 마음을 전하고자 어렵게 붓을 들었다.

　이 책이 출간될 수 있었던 것은 무엇보다 연세대학교 하문식 교수님의 헌신적 노고가 있었기에 가능하였다. 교수님께는 감사하다는 인사보다 고마운 마음을 깊이 간직해 두기로 했다.

　본의는 아니지만 공부한다는 핑계로 취직을 한지 10년이 훨씬 넘은 오늘까지도 가족과 함께 한 시간이 잘 생각나지 않을 정도이다. 곤궁하기 짝이 없는 가정 형편에도 불구하고 무모한 집념 때문에 살림을 탕진한 것만 같아 가족에게는 너무나 죄송스럽고 또 미안하다. 이런 아들, 동생, 남편, 아빠인 필자를 욕하지 않고 이해해주는 가족들에게 그저 고맙고 감사할 따름이다.

　그동안 여러 선학의 가르침과 동료의 도움이 있었음에도 일일이 감사를 표하지 못한 점도 널리 용서를 구한다. 출판사 사정이 어느 때보다 어려움을 겪고 있음에도 불구하고 부족한 원고를 출간해 주신 주류성 출판사 관계자 여러분께도 고마운 마음을 전한다.

　가장 감사한 마음을 전하고 싶은 분은 은사인 박찬규 교수님이지만 아직 변변한 연구서 하나 제대로 내놓지 못한 불민한 제자이기에 언급하는 것이 누가 될 것 같아 죄송스럽다. 앞으로 부끄럽지 않은 제자로 설 수 있을 때 마음 깊이 간직하고 드러내지 못했던 한없는 존경과 감사의 말씀을 전해 드리고자 한다.

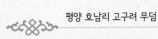

앞으로 20년이 더 주어진다면 세 가지 일을 하고 싶다. 지금보다는 조금이라도 가족과 함께 할 수 있는 시간을 가졌으면 하는 것이 하나요, 십년을 간격으로 연구서를 두 권 정도 내놓는 것이 둘이고, 훌륭한 차세대 연구자를 길러내고자 하는 바람이 셋이다. 필자의 욕심이 지나치다고 탓할지라도 이 또한 나를 사랑하는 분들의 고언으로 여기며 기쁜 마음으로 받아들이고자 한다.

2020년 8월 19일 새벽
연변대학 고구려발해연구중심 연구실에서
정경일 씀

옮긴이의 글

　한민족의 자랑스러운 문화유산 가운데 하나인 고구려 벽화무덤은 한국 고대사 연구에 있어 아주 매력이 있는 주제이다. 고구려 벽화무덤은 집안의 통구와 대동강 유역에 집중 분포하고 있으며, 인물화부터 생활상을 보여주는 풍속도까지 당시의 문화와 역사적 의미를 알려주는 다양한 내용으로 구성되어 있다. 이런 이유로 비교적 일찍부터 조사 연구가 진행되어 왔고 근래에는 고구려 무덤들이 세계문화유산으로 지정되는데 중요한 역할을 하였다.

　이 책은 2013년 여름에 북한의 고고학연구소와 연변대학 조사팀이 평양 호남리 고구려 무덤을 공동 발굴한 결과물이다. 저자는 연변대학 역사학부에서 고구려사를 전공하면서 북한지역 고구려·발해 관련 유적을 집중적으로 조사하고 있는데 이 발굴조사는 그 계획의 하나로 진행되었던 것이다.

　호남리 고구려 무덤은 주변에 사신총, 토포리 대묘가 자리하고 있어 오래 전부터 이 분야의 전문가들이 많은 관심을 가진 곳이었다. 이번에 조사된 18호 벽화무덤에서는 사신도와 별그림, 넝쿨무늬 등 여러 무늬들이 확인됨으로써 대동강 유역 고구려 벽화무덤의 중요성을 다시 일깨우는 계기가 되었다. 특히 별그림은 고구려 천문학의 수준을 가늠하는 계기가 될 귀중한 자료로 평가받고 있다.

　이 책을 집필한 정경일 교수와는 짧지 않은 기간 동안 교류를 하여 왔다. 정교수와의 첫 만남에서부터 역자는 그가 자신의 학문에 대한 열정과 책임감이 충만한 학자라는 것을 알 수 있었다.

　학문외적인 시대 상황으로 남북관계가 진전되지 못하고 있을 때 북한 고고학계의 최신 소식을 전해 준 사람도 바로 정경일 교수였다. 북한에서 수집

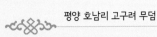

한 고고학계의 조사와 연구 동향, 앞으로의 계획 등을 한국 학계에 전해주곤 하였던 그의 노력은 한국 고대사 연구에 있어 한계를 가질 수밖에 없는 부분들에 큰 도움이 되었다.

이 책을 번역하는데 있어 어려운 고고학 낱말을 되도록 우리말로 풀어서 설명하고자 하였다. 그 이유는 북한 학계에서 사용하고 있는 낱말에 최대한 접근하기 위해서였다. 그리고 호남리 벽화무덤의 중요성을 감안하고 생생한 이해를 돕기 위해 사진자료는 되도록 컬러 인쇄하였다.

우리말로 옮기면서 어려운 낱말이나 전문적인 용어는 저자와 의논하여 되도록 본래의 의미를 훼손하지 않도록 노력하였다. 만약 잘못된 부분이 있다면 이것은 전적으로 옮긴이의 책임임을 밝혀둔다.

이 책을 옮기는데 여러분들의 도움을 받았다. 저자인 정경일 교수는 처음부터 어려운 낱말과 문장을 쉽게 번역할 수 있도록 도와주었다. 윤문을 하여 준 김옥현 님, 고구려 벽화무덤에 관한 학술자료를 찾아준 이건웅 님의 노고도 잊을 수 없다.

어려운 상황에서 선뜻 출판을 맡아주신 주류성의 최병식 박사님, 편집과 인쇄 과정에 궂은 일을 마다하지 않고 애써 주신 이준 이사님께도 감사드린다.

2020년 8월 23일
안산 자락 연구실에서
하 문 식

차례

Ⅰ. 머리말

　북한 사회과학원 고고학연구소에서는 2013년 8월부터 10월까지 평양시 삼석구역(三石區域) 호남리(湖南里) 일대에 있는 고구려 무덤에 대한 발굴을 진행하였다. 발굴 일부 기간에 중국 연변대학 인문사회과학대학 역사학부에 재직 중인 필자도 참여하게 되었다<사진 1>.

　호남리 주변에는 토포리 대묘(土浦里 大墓)와 호남리 사신총(四神塚)을 비롯하여 2004년 유네스코 세계유산으로 등록된 고구려 무덤 가운데 과반수의 무덤들이 분포되어 있다<사진 2>. 호남리 사신총과 그 주변의 16기<사진 3~7>, 토포리 대묘와 그 주변의 15기 등<사진 8~14> 모두 33기의 무덤들이 이곳에 있다.

　유적발굴단은 호남리 일대에서 호남리 18호 벽화무덤을 비롯한 고구려 시기 돌방 봉토무덤[石室封土墓] 4기를 발굴하였다<사진 15~17>. 그 중에서 벽화무덤은 널방 평면이 장방형이고 평행 삼각 고임 천정을 한 널길[羨道] 안의 사신도를 주제로 한 무덤이며, 기타 고구려 시기 돌방 봉토무덤인 호남리 19호 무덤, 호남리 20호 무덤, 호남리 21호 무덤은 서로 다른 구조를 가진 무덤들이다.

　이 책은 북한 사회과학원 고고학연구소 고적발굴대와 중국 연변대학 조사단이 평양시 삼석구역 호남리에서 진행한 고구려 시기 돌방 봉토무덤 4기에 대한 발굴의 결과물이다.

Ⅱ. 호남리 주변의 자연지리적 환경과 연혁

평양시 삼석구역은 대성산(大城山)의 동남쪽, 평양시 동북부 대동강(大同江) 중류 오른쪽 연안에 있는 지역으로서 북쪽은 평안남도(平安南道) 평성시(平城市), 동쪽과 남쪽은 대동강을 사이에 두고 평양시 강동군(江東郡) 및 황해북도(黃海北道) 승호군(勝湖郡)과 인접하여 있고, 서쪽은 평양시 용성구역(龍城区域) 및 대성구역(大聖区域)과 잇닿아 있다.

삼석구역은 광복 전에 평안남도 강동군(江東郡) 고천면(高泉面)과 원탄면(元灘面), 대동군(大同郡) 시족면(柴足面)에 속해 있다가 1952년 12월부터 승호군과 강동군의 일부 지역으로 분리되었다. 1959년 9월에 평안남도 승호군의 삼석리(三石里), 대천리(大泉里), 성문리(聖文里), 호남리, 원신리(元新里), 원흥리(圓興里), 노산리(魯山里) 등과 강동군의 광덕리(廣德里), 삼성리(三成里), 도덕리(道德里) 등이 합쳐 평양시 삼석구역을 이루었다.

삼석구역 일대의 북쪽에는 해발 300~400m의 비교적 낮은 산지가 주를 이루고 있으며 동부와 남부의 대동강 연안에는 해발 20~30m의 넓은 들판이 펼쳐져 있다. 청룡산(青龍山) 줄기의 끝부분에 해당하는 북서쪽에 국사봉(國士峰, 444m), 심정산(心頂山, 371m), 손자산(孫子山, 355m), 자지산(紫芝山, 334m), 청운산(青雲山, 363m)이 솟아 있으며 주요 기반암은 원생대(原生代) 결정편암류, 고생대(古生代) 석회암과 편암, 중생대(中生代) 사암(砂岩)과 덕암(德岩) 등이다.

이 일대의 연평균 기온은 9.1℃, 7월 평균기온은 24.2℃이고, 1월 평균기

온은 영하 9.3℃이며, 연평균 강수량은 1145.8㎜이다. 이 지역에는 대동강과 그 지류들인 노산천(魯山川), 호남천(湖南川), 봉황천(鳳凰川)의 상류를 막아 건설한 장수원(長壽園)저수지, 건지(乾芝)저수지, 성문(聖文)저수지가 있다.

호남리는 삼석구역의 남부에 있다. 호남리의 북부는 성문리(聖文里)와 문영동(文榮洞), 서부는 장수원동(長壽園洞), 북동부는 원신리와 접하고 있다. 또한 동부와 남부는 대동강을 사이에 두고 황해북도 승호군 봉도리(鳳島里), 이천리(利川里)와 마주하고 있다.

1952년 12월에 면이 없어지면서 평안남도 승호군 원탄면 표대리(表垈里), 시족면 호남리, 남경리(南京里)가 합쳐져 호남리로 되었으며 1959년 9월에 평양시 삼석구역으로 편입되었다.

지층은 대부분 대동강 연안의 충적지대이며 그 가운데 논이 약 62%, 밭이 26%이다. 산림은 12%로 많지 않고 대동강의 지류인 성문천(聖文川)이 동서 방향으로 흐른다.

이번에 발굴된 호남리 돌방 봉토무덤들의 주변에는 토포리 대묘와 같은 둥근 봉토무덤이 떼를 이루고 있어 "둥근 무덤"이라는 지명이 전해 온다. 무덤들의 뒤에는 광대산[1](匡大山, 해발 104m)이 길게 놓여 있고 무덤 앞으로는 넓은 호남리 들판이 펼쳐져 있으며 그 옆으로 대동강이 유유히 흐르고 있다.

---

1) 광대산이란 탄광이 있던 큰 산이라는 뜻이다.

Ⅲ. 호남리 18호 벽화무덤

1. 무덤의 위치 및 주변 유적

호남리 18호 벽화무덤은 평양시 삼석구역 호남리에 위치하고 있다.

삼석구역 호남리는 대동강 언저리에 자리 잡고 있는데 대동강과 가까운 곳은 모래질 충적평야지대이고 얼마 떨어진 곳부터는 붉은 찰흙지대이다.

호남리의 남쪽 가장자리를 따라 동쪽에서 서쪽으로 흐르는 대동강 기슭에서 북쪽을 바라보면 3~4㎞ 떨어진 곳에 광대산 줄기에 속하는 5개의 나지막한 봉우리들이 솟아 있는데 무덤은 동쪽에서부터 서쪽으로 세 번째 봉우리의 남쪽 능선 기슭에 자리하고 있다.

이번에 새롭게 발굴된 고구려 벽화무덤에서 서쪽으로 900m쯤 떨어진 곳에는 토포리 대묘를 중심으로 한 고구려 무덤떼가 있으며, 동쪽으로 1㎞ 정도 떨어진 곳에는 이미 널리 알려진 호남리 사신총을 포함한 비교적 큰 규모의 무덤떼가 있다<도면 1>, <사진 3~14>. 이 일대에서 지금까지 발견된 대표적인 고구려 벽화무덤으로는 호남리 사신총, 개마총(鎧馬塚), 내리(內里) 1호가 있다.

호남리 사신총은 광대산 제일 남쪽 야산 기슭의 언덕 위에 있다. 주변에는 고구려 돌방 봉토무덤 10여 기가 분포하고 있다. 무덤은 사신 등을 그린 외방무덤[單室墓]이며 방향은 남향이다. 벽과 천정, 바닥은 모두 잘 연마한 대리석으로 축조하였다. 청룡(靑龍)은 머리를 뒤로 돌리고 있고 주작(朱雀)의 머리는

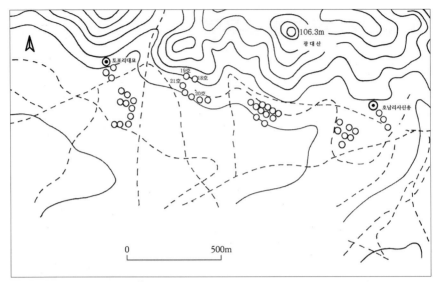

도면 1. 삼석구역 (토포리와 호남리)의 고구려 무덤 위치도

오리 머리처럼 보인다. 전체적으로 단순하고 소박하며 사신도 벽화무덤 중에서는 비교적 이른 것으로서 5세기 말~6세기 초의 무덤으로 편년되고 있다.

　개마총은 삼석구역 노산리에 위치하고 있는데 역시 사신도를 그린 외방무덤이다. 방향은 남향이며 널방의 평면은 장방형이고 천정은 평행 삼각 고임식이다. 심하게 파괴되었는데 동벽에 청룡, 서벽에 백호(白虎), 북벽에 현무(玄武) 그림이 남아 있고 천정 부분에 주인공이 개마를 타는 모습이 그려져 있다. 천정 평행 고임부에 금관을 쓴 주인공이 화려한 갑옷을 입힌 개마에 타려는 그림이 있고, 그 뒤에 고리자루 긴 칼[環頭大刀]을 들고 선 무사들의 모습이 그려져 있다. 그림 위에 묵서(墨書)로 "塚主着鎧馬之像"[2]이라고 글이 씌어져 있어 무덤을 개마총으로 부른다. 부드러운 선과 선명한 색채, 잘 짜인 구조 등으로 박력이 있고 우아한 고구려 회화의 특징을 잘 보여주는 이 무덤은 구조와 벽

● ● ●
2) 무덤 주인이 개마를 타려는 모습.

화로 보아 6세기의 무덤으로 편년되고 있다.

내리 1호 무덤은 노산리 마을 동북쪽에 있던 옛 내리 마을의 고구려 무덤 떼 가운데 가장 큰 무덤이다. 사신도를 그린 외방무덤으로서 방향은 서쪽으로 약간 치우친 남향이다. 널방의 평면은 방형이고 천정은 평행 삼각 고임식이다. 북벽에 현무의 일부와 소나무 그림이 있고 동벽에 청룡의 꼬리 부분과 구름무늬가 있다. 천정에는 해, 달, 인동 넝쿨, 연꽃, 동그라미, 산악도 등이 그려져 있는데 이 산악도는 매우 세련되고 우수한 작품으로 평가되고 있다. 사신도와 소나무가 함께 유창한 필치로 그려진 것이나 산과 나무들이 훌륭하게 표현된 점에서 용산리 1호 무덤이나 강서대묘(江西大墓)와 비슷하여 6세기 말 ~7세기 초의 무덤으로 보고 있다.

이와 같이 이번에 새로운 고구려 벽화무덤이 알려진 평양시 삼석구역 호남리와 그 주변 대성산 일대는 고구려의 도읍지로서 당시의 유적이 집중 분포되어 있는 문화유적지이다.

이번에 호남리에서 새롭게 발견된 고구려 시기 벽화무덤은 지금까지 발굴된 17기의 무덤에 이어 18호 무덤으로 이름 붙였다.

2. 무덤의 구조

오랜 세월이 흘렀지만 봉토는 비교적 잘 남아 있는 편이다. 평면이 원형인 봉토는 반구형으로 쌓았다. 봉토는 북쪽에서 남쪽으로 흘러내린 산능선의 경사면에 쌓았으므로 남쪽이 높고 북쪽이 낮다. 봉토의 크기는 남북 지름 29m, 동서 지름 25m이며, 남쪽의 높이는 6.3m, 북쪽의 높이는 1.5m이다<도면 2>, <사진 18>. 봉토의 꼭대기에는 남북 100㎝, 동서 70㎝ 크기의 장방형 구멍이 뚫려 있었다<사진 19>.

무덤은 무덤길[墓道]과 널길, 널방으로 이루어진 지상식 돌방 봉토 외방무덤이다. 무덤 방향은 195°이다<도면 3>.

　무덤은 흙을 일정한 정도의 높이로 쌓고 평면을 고른 다음 축조하였다.

　널길 입구에 남북으로 길게 놓여 있는 무덤길은 남북 길이 2.5m, 동서 너

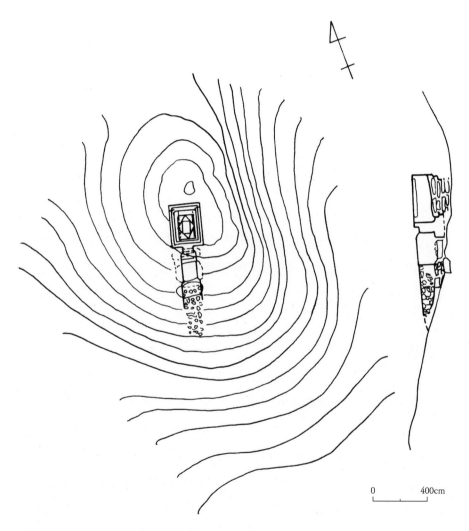

0　　　400cm

도면 2. 호남리 18호 벽화무덤 봉토 실측도

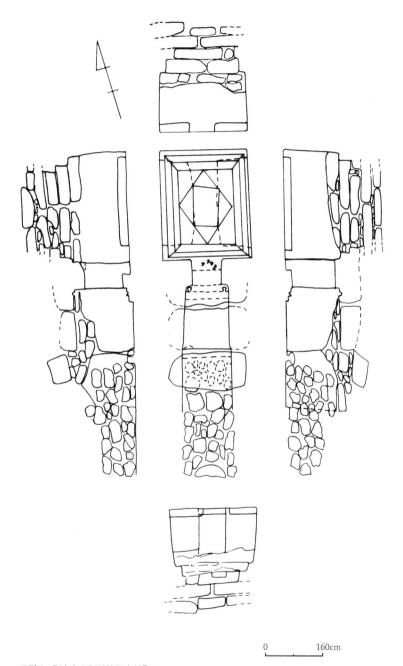

0   160cm

도면 3. 호남리 18호 벽화무덤 실측도

비 1.7m이다. 발굴 당시에 널길 천정돌이 지표에 노출되어 있었고<사진 20> 무덤길과 널길 입구까지 돌들이 꽉 채워져 있었는데 널길 입구 부분은 돌과 석회를 섞어 견고하게 만들었으며 무덤길 부분은 막음돌로 채워져 있었다<사진 21~23>. 이것으로 보아 아마도 무덤길과 널길 입구를 폐쇄하였던 것 같다. 무덤길 막음돌들의 크기는 다음과 같다[표 1].

표 1. 호남리 18호 벽화무덤 무덤길 막음돌의 크기 (단위:㎝)

구분 크기	1	2	3	4	5	6	7	8	9	10
길 이	30	56	65	40	70	50	32	40	22	37
너 비	30	35	32	24	70	40	25	25	18	20
두 께	22	30	30	21	18	12	8	6	7	24

무덤 널길은 널방 남벽 중심에 나 있다<사진 24, 25, 50>. 널길 바닥은 진흙 바닥 위에 3~5㎝ 두께의 석회를 깔아 만들었는데 발굴 당시 많은 부분이 파괴되었다<사진 26>.

널길 바닥에는 턱 시설과 문턱[門檻] 시설이 있었다<사진 27~28>. 턱 시설은 무덤 널길의 입구에서 안쪽으로 164㎝ 들어와서 만들어 놓았는데 평면이 긴 장방형이고 단면이 네모난 돌을 널길 바닥에 가로 놓고 석회를 발라 만든 것이다. 턱 시설의 높이는 23㎝이고 너비는 26㎝이다<사진 27>.

이 널길 입구에서 안쪽으로 312㎝ 들어가면 3층 계단으로 된 문턱 시설이 있다. 첫째 계단은 바닥에서 8㎝ 높이에 24㎝ 너비로 단(段)을 주었고, 두 번째 계단은 첫 번째 계단 돌에서 8㎝ 높이에 12㎝ 너비로 단을 주었으며, 세 번째 계단은 두 번째 계단에서 8㎝ 높이에 41㎝ 너비로 단을 주었다<사진 28>. 세 번째 계단이 끝나면서 16㎝ 밑으로 꺾여 내려오면 널방 바닥과 이어진다. 즉 널방 바닥은 널길 바닥보다 8㎝ 정도 높다.

문턱 시설의 두 번째 계단 양쪽과 그 천정 부분에는 각각 하나의 문확이 있었는데 그것은 여기에 문 시설이 있었다는 것을 보여준다<사진 29~34>. 그러나 발굴 과정에 문으로 볼 수 있는 돌은 찾아볼 수 없었으므로 본래의 문은 나무로 만들었을 것으로 짐작된다.

무덤 널길 벽은 석회를 바르면서 돌을 쌓고 겉에 회칠을 한 것인데 많은 부분이 떨어져 나갔다.

널길의 동, 서 두 벽은 널길 입구 부분, 중간 부분, 널방 입구 부분 등 세 구간으로 이루어져 있는데 그 크기는 널길 입구 구간이 동서 너비 132㎝, 남북 길이 164㎝ 정도이고 중간 부분이 동서 너비 124㎝, 남북 길이 172㎝이며 널방 입구 부분은 동서 길이 84㎝, 남북 너비 76㎝이다<사진 24, 25, 35, 36>.

널길 천정은 길쭉하고 넓적한 판돌들을 벽체 위에 가로 놓아 납작천정[平天頂]으로 만들었는데 널길 입구로부터 널방 쪽으로 가면서 3단으로 꺾여 낮아졌다<사진 37>. 첫 번째 단은 널길 입구에서 턱 시설이 있는 곳까지인데 거리는 167㎝, 천정 높이는 190㎝이다. 두 번째 단은 턱 시설에서부터 문턱까지인데 170㎝의 구간을 차지하며 높이는 160㎝이다. 두 번째 단 천정의 제일 안쪽 양옆에는 문확이 있었는데 그 지름은 9.5㎝, 깊이는 5㎝이다. 세 번째 단은 문턱 시설부터 널방 입구까지인데 길이는 80㎝, 높이는 136㎝이다. 널길 천정에는 원래 전부 회를 발랐던 것인데 지금은 거의 다 떨어져 나갔다.

무덤 널길의 길이는 412㎝이며 각 구간의 너비와 높이는 다음과 같다[표2].

표 2. 호남리 18호 벽화무덤 널길 너비와 높이 (단위:㎝)

크기 \ 구분	안 쪽	중 간	바깥쪽
너 비	84	116~124	132
높 이	136	160	190

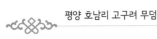

널방의 평면은 남북으로 긴 장방형이다. 널방은 진흙 바닥 위에 10㎝의 두께로 숯을 펴고 그 위에 회와 돌을 섞어 15㎝의 두께로 깐 다음 다시 그 위에 5㎝의 두께로 회를 발라 만들었다<사진 38~40>. 회와 섞인 돌들은 자잘하다<표 3>. 이밖에 바닥돌 가운데에는 길이가 19~20㎝ 정도 되는 돌들도 더러 섞여 있었다.

표 3. 호남리 18호 벽화무덤 바닥돌 크기 (단위:㎝)

크기 \ 구분	1	2	3	4	5	6	7	8	9	10
길 이	11	12	6	6	14	9	10	8	9	10
너 비	9	5	5	5.5	9	5	5	5	7.5	6
두 께	6	4.5	4	5	8	2	5	4	4	5

널방 벽은 널길 벽과 같이 돌들을 석회물림하면서 쌓고 겉에 회를 발라 놓았다.

널방 동벽은 남북 길이가 304㎝, 높이가 162㎝이다. 동벽은 밑에서 위로 올라가면서 안으로 약간씩 좁히면서 안기울임을 주었는데 그 윗선은 바닥선보다 안으로 8~12㎝ 들어와 있었다. 동벽의 30~70㎝ 되는 윗부분은 회벽이 떨어져 있었다. 회벽이 떨어지면서 드러난 돌들의 크기는 대체로 90×26㎝, 60×18㎝, 58×18㎝이다<도면 4>, <사진 41~43>.

널방 북벽은 동서 길이 250㎝, 높이 162㎝이다. 북벽도 동벽과 같이 안으로 약간씩 좁히면서 쌓았다. 북벽의 윗선은 밑선보다 12~16㎝ 안으로 들어와 있었다. 벽의 윗부분 30㎝ 구간의 회칠이 완전히 떨어지고 남아있는 회벽에도 듬성듬성 떨어진 곳들이 있다. 회벽이 떨어지면서 나타난 돌들의 크기는 대체로 60×18㎝, 42×18㎝, 70×14㎝, 40×20㎝, 70×14㎝이다<도면 5>, <사진 44~46>.

서벽은 남북 길이 304㎝, 높이 160~162㎝이다. 서벽의 회는 거의 다 떨

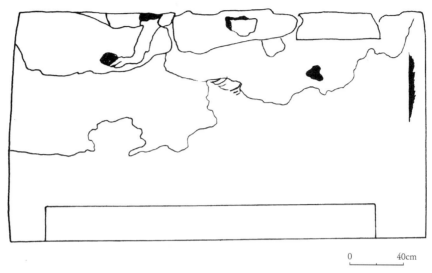

0   40cm

도면 4. 호남리 18호 벽화무덤 널방 동벽 실측도

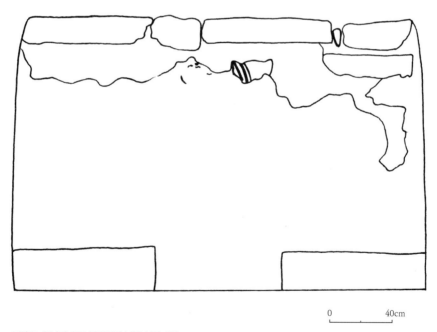

0   40cm

도면 5. 호남리 18호 벽화무덤 널방 북벽 실측도

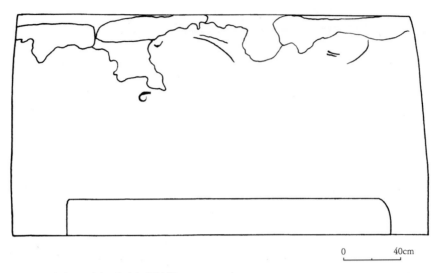

0   40cm

도면 6. 호남리 18호 벽화무덤 널방 서벽 실측도

어지고 아래쪽에 일부분만 남아있었는데 회벽이 떨어지면서 드러난 돌들의 크기는 대체로 70×28㎝, 34×24㎝, 50×16㎝이다<도면 6>, <사진 47~49>.

널방 남벽은 무덤 널길에 의하여 서쪽 부분과 동쪽 부분으로 나누어지는데 비교적 곧게 올려 쌓았다. 남벽 서쪽 부분은 동서 길이 80㎝, 높이 160㎝이다. 윗부분 30㎝ 구간의 회벽이 떨어져 없어졌다. 남아있는 회벽면도 더러 떨어진 곳이 있다. 남벽 동쪽 부분은 동서 길이 88㎝, 높이 162㎝이다. 회벽의 윗부분 20~24㎝ 구간이 완전히 떨어졌다. 남아있는 회벽면도 남벽 서쪽 부분처럼 더러 떨어진 곳들이 있다<도면 7>, <사진 50~52>.

널방 천정은 평행 고임 2단 위에 삼각 고임 2단 천정을 하고 그 위에 평평한 판돌을 덮었는데<도면 8>, <사진 53~70> 현재는 마감 천정돌이 없어졌다<사진 19, 71>.

동쪽 평행 고임 1단은 2개의 큰 돌을 잇대어 높이 쌓았다. 회벽은 거의 떨어졌다. 돌의 크기는 138×24㎝, 92×20㎝이다. 동쪽 평행 고임 2단은 4개의

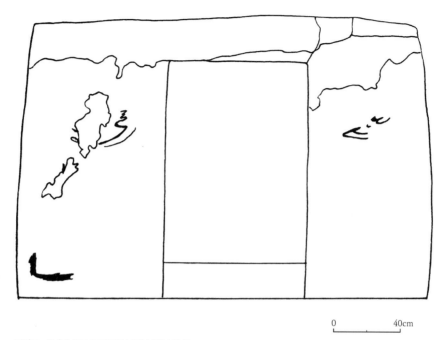

0   40cm

도면 7. 호남리 18호 벽화무덤 널방 남벽 실측도

돌을 잇대어 높이 쌓았다. 회벽이 거의 떨어지고 밑면에만 어느 정도 남아 있다. 동쪽 평행 고임 1단의 밑면 너비는 20㎝, 옆면 높이는 28~40㎝이고 평행 고임 2단의 밑면 너비는 18㎝, 옆면 높이는 28~36㎝이다. 동쪽 삼각 고임 1단은 동남과 동북 삼각 고임으로 이루어졌으며 돌을 한 개씩 쌓았다<사진 57>. 동남 삼각 고임과 동북 삼각 고임은 옆면의 회가 거의 다 떨어지고 밑면에 약간 남아 있었다<사진 61, 62>. 동쪽 삼각 고임 2단도 회칠을 하였던 것인데 대부분 떨어지고 그 흔적만 약간 남아 있었다. 삼각 고임돌의 높이는 20~32㎝이다<사진 65>.

북쪽 평행 고임 1단은 밑면 너비가 24㎝, 옆면 높이가 40㎝이고 북쪽 평행 고임 2단은 밑면 너비가 20㎝, 옆면 높이가 32㎝인데 여기에 발랐던 회가 많이 떨어지고 그 일부만이 남아 있었다<사진 58>. 북쪽의 삼각 고임 1단은 이미

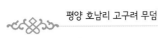

언급한 동북 삼각 고임과 서북 삼각 고임의 천정 부분에 해당된다. 서북 삼각 고임 1단에는 회들이 더러 붙어 있었고<사진 63> 북쪽 삼각 고임 2단에는 회들이 거의 떨어졌다. 삼각 고임의 높이는 26~34㎝이다<사진 66>.

서쪽 평행 고임 1단과 2단은 여러 개의 돌을 잇대어 쌓았는데 벽면에 발랐던 회가 어느 정도 남아 있었다. 평행 고임 1단의 밑면 너비는 16㎝, 옆면 높이는 38~40㎝이고 평행 고임 2단의 밑면 너비는 28㎝, 옆면 높이는 28㎝이다<사진 59>. 서쪽에 놓인 삼각 고임은 이미 언급한 서북 삼각 고임 1단과 서남 삼각 고임 1단으로 되어 있다. 서남 삼각 고임 1단 밑면에는 석회가 거의 다 떨어져 그 흔적만 찾아볼 수 있었다<사진 64>. 서쪽 삼각 고임 2단에도 석회가 대부분 떨어져 있었다<사진 67>. 삼각 고임돌의 높이는 28~40㎝이다.

남쪽의 평행 고임 1단은 2개의 돌을 잇대어 쌓았다. 평행 고임 1단 밑면의 중간에서 서쪽으로 얼마간 치우친 곳에 30×10㎝ 크기의 회벽 흔적만이 남아 있고 거의 다 떨어져 있었다. 평행 고임 2단은 밑면의 동벽에서 서쪽으로 30㎝ 되는 곳부터 140㎝ 되는 곳까지의 회만이 남아있고 옆면에는 석회 흔적들이 없었다. 평행 고임 1단의 밑면 너비는 14㎝, 옆면 높이는 24~28㎝이고 평행 고임 2단의 밑면 너비는 16~20㎝, 옆면 높이는 28㎝이다<사진 60>. 남쪽의 동남 삼각 고임 1단과 서남 삼각 고임 1단에 대하여서는 이미 서술하였다. 남쪽 삼각 고임 2단에는 석회 흔적을 거의 찾아보기 힘들 정도이며 그 높이는 28㎝이다<사진 68>.

널방 바닥에서 삼각 고임 2단 끝부분까지의 높이는 280㎝이다.

널방 바닥에는 동벽과 서벽에 접하여 각각 널받침[棺臺]이 하나씩 놓여 있는데 그 생김새는 남북으로 긴 장방형이다. 동쪽 널받침과 서쪽 널받침은 모두 북벽에서 20㎝ 정도 떨어져 있으며, 돌과 석회를 섞어 쌓고 겉에 회칠을 하여 만든 것인데 서쪽 널받침의 윗면은 완전히 파괴되어 있었다. 동쪽 널받침의 길이는 280㎝, 너비는 85㎝, 높이는 26㎝이고 서쪽 널받침의 길이는

270㎝, 너비는 92㎝, 높이는 26㎝이다<사진 72~74>.

3. 벽화

회벽이 많이 떨어져 나갔기 때문에 벽화는 얼마 남아 있지 않았다. 기본적으로 널방의 네 벽과 천정의 일부 면, 그리고 널방에 떨어진 회벽 조각에서 벽화를 찾을 수 있었다.

1) 동벽 벽화

널방 동벽에는 여러 가지 색으로 그린 청룡의 몸체 일부분과 벽면 가장자리에 그려진 붉은 갈색의 테두리 그림이 좀 남아 있다<도면 4>, <사진 41~43>.

바닥에서 110㎝, 남벽에서 북쪽으로 150㎝ 떨어진 곳에 청룡 몸체 부분이 그려져 있다. 청룡 몸체는 검은 갈색으로 윤곽을 그리고 그 안에 녹색 띠, 붉은색 띠, 문살무늬[格子紋] 등을 결합하여 그렸는데 길이는 25㎝, 너비는 18㎝이다. 몸체는 북쪽보다 남쪽이 약간 들려 있는 모습으로 가로 놓여 있다<사진 75>. 이로 보아 청룡은 남쪽이 아니라 북쪽을 향하여 위에서 아래로 내려오는 자세로 그려진 것으로 추측된다. 이 그림에서 남쪽으로 50㎝ 정도 떨어진 조금 윗부분에 같은 형태의 그림이 있었다. 이 그림의 길이는 19㎝이다<사진 76>. 두 부분의 청룡 몸체 그림은 보이는 높이가 거의 같은 것으로 보아 서로 이어질 수 있는 몸체 부분으로 판단된다. 즉 널방 동벽에 원래 청룡이 그려져 있었던 것이 거의 없어지고 현재는 몸체의 두 부분 그림만이 남아 있다는 것을 보여 준다.

동벽 남쪽 가장자리에는 바닥에서 80㎝에서 130㎝ 되는 곳까지 너비 10㎝의 붉은 갈색의 테두리가 있다<사진 77>. 이것은 동벽의 가장자리를 따라 붉은

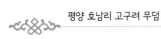

갈색의 테두리가 둘려져 있었던 것인데 모두 없어지고 일부분만이 남아 있는 것으로 볼 수 있다.

2) 북벽 벽화

널방 북벽에는 현무의 몸체 부분을 그린 것이 일부 남아 있다<도면 5>, <사진 44~46, 78>.

바닥에서 120㎝, 동쪽에서 110㎝ 떨어진 곳에는 녹색 바탕에 갈색 선으로 윤곽을 그린 뱀을 형상한 몸체 부분이 있었는데 갈색 선의 굵기는 0.4㎝이고 녹색 띠의 굵기는 1㎝이다. 남아 있는 몸체 부분의 길이는 10㎝, 굵기는 4㎝이다. 몸체는 위로 올라가면서 서쪽으로 휘인 모습이다<사진 79>. 원래는 이 벽면에 현무가 그려져 있었을 것이지만 현재는 거의 없어지고 뱀이 거북의 몸통을 휘감고 올라가는 모습만 약간 보인다.

3) 서벽 벽화

널방 서벽에서는 여러 곳에서 선무늬 벽화 흔적이 찾아졌다<도면 6>, <사진 47~49, 81>.

바닥에서 120㎝, 북벽에서 40㎝ 정도 떨어진 곳에 붉은 선무늬가 있다. 붉은 선은 북쪽에서 남쪽으로 가면서 휘어 내려온 호형(弧形)을 이루고 있다. 붉은색 선의 굵기는 0.6㎝이고 길이는 20㎝이다<사진 82>.

바닥에서 125㎝ 올라오고 북벽에서 남쪽으로 115㎝ 정도 떨어진 곳에는 붉은 선무늬가 있다. 두 선이 4㎝ 사이를 두고 북쪽에서 남쪽으로 가면서 휘어 오르다 사이가 좁아지면서 겹쳐진 무늬이다. 두 선이 겹쳐진 남쪽에는 한 선이 곧게 그려진 것이 보인다. 한쪽 끝이 서로 겹쳐진 두 호선무늬라고 할 수 있다. 무늬의 길이는 25㎝이다<사진 83>.

남벽에서 북쪽으로 100㎝ 떨어지고, 바닥에서 위로 100㎝ 올라온 곳에는

0.5㎝ 굵기의 붉은 선무늬가 있다. 선무늬는 구부러져서 남쪽이 닫히고 북쪽이 열린 상태로 되어 있다. 남은 길이는 5㎝이다<사진 84>.

널방 서벽에서는 다양한 모양의 붉은색 선무늬가 여러 곳에서 나타났지만 모두 작은 부분이므로 전반적인 상태를 잘 알 수 없다. 서벽에는 백호가 그려져 있어야 하는데 현재 벽화가 거의 다 떨어져 확인하기가 어렵다. 이러한 선무늬는 아마도 백호의 배경으로 그려졌던 무늬가 아닌가 생각된다.

4) 남벽 벽화

널방 남벽에서는 서쪽 부분과 동쪽 부분에서 벽화 흔적이 찾아졌다<도면 7>, <사진 50~52>.

남벽 서쪽 부분에는 바닥에서 95㎝, 서벽에서 40㎝ 떨어진 곳에 검은색의 선무늬 두 개가 그려져 있었다. 두 선이 1.5㎝ 사이를 두고 가로 방향으로 그어져 있는데 길이는 24㎝, 너비 1㎝이다. 가로선들은 중간 부분이 밑으로 약간씩 휘어들어가 있었다<사진 85>. 이 무늬에서 서쪽으로 조금 떨어진 윗부분에 검은 쌍선으로 된 빗금무늬[斜線紋]가 그려져 있었는데 선들 사이의 거리는 1㎝고 너비도 1㎝이다. 빗금들 가운데서 동쪽의 것은 길이가 5㎝, 서쪽의 것은 8㎝이다.

남벽 동쪽 부분에는 테두리와 검은 선무늬가 있다. 밑부분의 가장자리를 따라 동벽에서 서쪽으로 15㎝ 정도 떨어진 곳에 너비가 10㎝인 붉은 갈색 테두리가 있다. 테두리는 15㎝ 정도의 길이로 남아 있다<사진 86>. 이것은 밑부분의 가장자리에도 테두리를 돌렸다는 것을 보여준다.

검은 선무늬는 바닥에서 90㎝ 올라와 동벽에서 서쪽으로 30㎝ 떨어진 곳에 있다. 검은 선무늬는 동쪽에서 서쪽으로 가면서 휘어 올라가다가 반대로 꺾인 무늬이다. 검은 선의 굵기는 0.7㎝이고, 호형을 이룬 무늬는 길이가 17㎝이며, 반대로 꺾인 직선무늬는 길이가 85㎝이다<사진 87>. 일부분만이 남아있어

무늬의 주제를 알 수 없다.

그러나 남벽에 주작 그림이 있었을 가능성이 가장 크므로 널방 입구를 사이에 두고 두 마리의 주작 그림이 마주하고 있었을 것으로 짐작된다. 따라서 남벽 동, 서쪽의 검은 선은 주작과 관련된 무늬로 볼 수 있다.

5) 천정 벽화

벽화 흔적은 널방 천정에서도 확인할 수 있었다. 천정은 평행 고임 2단에 삼각 고임 2단으로 되어 있는데 벽화는 거의 다 떨어지고 동쪽 2단 평행 고임 밑면, 서쪽 2단 평행 고임 밑면, 남쪽 2단 평행 고임 밑면에 넝쿨무늬와 테두리 흔적이 있었고 동남쪽 1단 삼각 고임과 동북쪽 1단 삼각 고임의 밑면에는 별과 원이 그려져 있었다<도면 8>.

동쪽 2단 평행 고임 밑면에는 넝쿨무늬[卷草紋]가 그려져 있었다. 0.4~0.8㎝ 굵기의 검은 선으로 그린 넝쿨무늬는 하나로 이어지지 못하고 회벽이 떨어지면서 토막토막 끊겨 있었다<사진 88~92>.

서쪽 2단 평행 고임 밑면의 북쪽 부분에도 넝쿨무늬가 있었는데 두 토막으로 갈라져 있었다<사진 93~96>.

남쪽 2단 평행 고임 밑변의 중간 부분과 동쪽 부분에 넝쿨무늬가 그려져 있었는데 벽면이 떨어지면서 끊긴 상태로 나타났다<사진 97~100>. 남쪽 2단 평행 고임 밑면에는 넝쿨무늬와 함께 테두리 벽화 흔적도 보인다. 밑면의 안쪽 끝에 굵기 2.5㎝의 갈색 테두리가 있었다. 이러한 테두리는 밑면과 닿아있는 옆면 아래 끝에서도 나타났다. 옆면 아래 끝 테두리의 굵기는 3㎝이다. 이것은 2단 평행 고임 밑면의 안쪽 끝과 옆면의 아래 끝까지 테두리를 돌렸다는 것을 설명한다. 이와 함께 다른 평행 고임에도 역시 테두리를 돌리고 무늬를 그렸을 것이라고 추측해 볼 수 있다.

동남쪽 1단 삼각 고임 밑면의 중간 부분에는 검붉은색의 둥근 원이 그려져

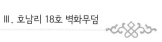

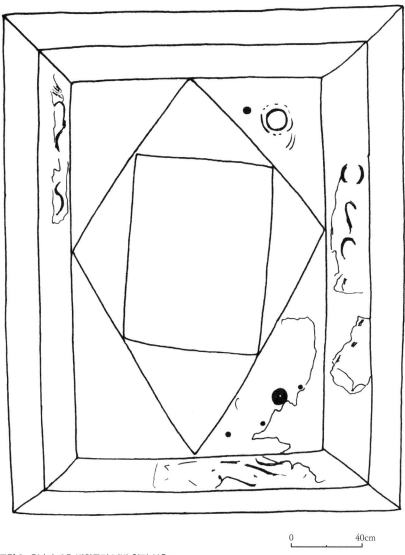

0　　　　　40cm

도면 8. 호남리 18호 벽화무덤 널방 천정 실측도

있었는데 그 지름은 9.8㎝이다. 원형으로 된 그림의 가운데에는 뾰족한 홈이
있었는데 아마도 컴퍼스 같은 것으로 원을 그리면서 생긴 것이 아니었을까 추
측된다<사진 101~104>.

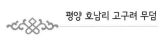
이 그림에서 북쪽으로 14㎝ 정도 떨어진 곳에 지름 2.9㎝ 되는 검붉은색의 별이 그려져 있었다<사진 102, 104>. 이러한 별그림은 남쪽과 서남쪽에도 있었는데 서남쪽 것은 원이 그려져 있는 곳에서 20㎝ 떨어져 있으며 크기와 색이 서로 같다. 세 별그림을 연결하면 널방 안쪽으로 열린 둔각을 이룬다.

동북쪽 1단 삼각 고임 밑면에도 원과 별그림이 있다<사진 105~107>. 밑면 중간에서 서쪽으로 약간 치우친 곳에 지름 12㎝ 크기의 검붉은색의 원그림이 있다. 이 원그림의 중심에도 뚜렷한 작은 홈이 있다.

원그림의 서쪽으로 10㎝ 정도 떨어진 곳에 지름 3.8㎝ 되는 검붉은색의 별그림이 있다. 여기에도 여러 개의 별들이 그려져 있었는데 떨어지고 지워져 없어진 것으로 보인다.

벽화는 바닥에 떨어진 회벽 조각에서도 찾아볼 수 있다. 회벽 조각에는 청룡 몸체, 인동무늬, 붉은색 무늬, 고리무늬, 밤색 무늬 등이 그려져 있었다<사진 108~154>.

이밖에 널길 동, 서 양벽에도 벽화 흔적이 약간 보이긴 하나 보존상태가 좋지 못해 그 구체적인 형태를 전혀 알 수 없다.

4. 유물

무덤에서는 쇠널못[鐵棺釘] 7점이 나왔다<도면 9>, <사진 155~160>.

쇠널못은 널방 동북쪽 모서리 바닥에서 1점이 나왔고 무덤 널길의 안쪽 바닥에서 5점, 중간 바닥에서 1점 나왔다.

쇠널못 7점 가운데 4점은 널못 머리가 있는 것인데 2점은 크고 2점은 작다. 쇠널못의 머리 부분은 버섯갓 모양으로 생겼으며 몸체는 끝으로 가면서 가늘어져 뾰족한 상태를 나타내고 있다. 몸체의 가로 자른 면은 정방형이다.

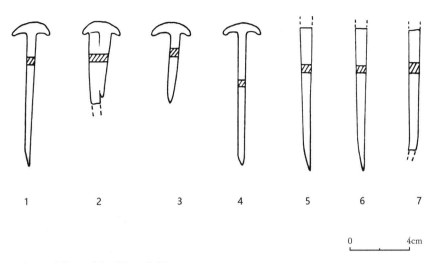

0   4cm

도면 9. 호남리 18호 벽화무덤 출토 쇠널못

못의 크기를 보면 큰 것은 머리 지름이 2.6㎝, 높이 0.8㎝, 길이는 9.7㎝, 몸체 한 변의 길이가 0.5~0.6㎝이고 작은 것은 길이 5.2㎝이며 그 밖의 크기는 큰 것과 비슷하다.

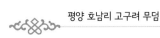

Ⅳ. 호남리 19호 무덤

이 무덤은 광대산의 동쪽으로부터 세 번째 봉우리의 남쪽 기슭에 자리 잡고 있으며 호남리 18호 벽화무덤에서 서쪽으로 25m 떨어져 있다<사진 16, 17>.

봉토는 북쪽에서 남쪽으로 흘러내린 산능선의 경사면에 쌓았으므로 그 높이는 남쪽이 높고 북쪽이 낮다. 봉토는 흙을 매우 큰 규모로 쌓아 올렸는데 오랜 세월이 흐르는 과정에 많이 무너져 내렸으므로 발굴 당시에는 널방 북벽의 벽체가 약간 드러나 있었다. 봉토는 남북으로 긴 타원형으로 생겼는데 현재 크기는 남북 길이 13.78m, 동서 너비 10.4m이고, 높이는 남쪽 2.4m, 북쪽 0.5m이다<사진 161>.

이 무덤은 널길과 널방으로 된 지상식 돌방 봉토 외방무덤이며 방향은 동쪽으로 20° 치우친 남향이다<도면 10>, <사진 163, 164>.

널길은 널방의 남벽 중심에서 남쪽으로 길게 나 있다. 널길 입구에는 서로 다른 크기의 돌들을 쌓아 만든 막음벽이 있었다<사진 162>. 막음벽에 쓰인 돌들의 크기는 대체로 80×45×77㎝, 77×60×20㎝, 60×45×20㎝, 50×24×18㎝, 43×28×8㎝이며 그 재질은 석회암과 규암이다. 널길의 바닥에는 돌을 깔고 회를 발랐다. 널길의 벽은 일정하게 다듬은 화강암을 수직으로 쌓고 겉면에 회를 발랐는데 대부분 떨어져 있었다. 현재 동, 서 양벽은 2단 정도 남아 있다. 동벽을 쌓은 돌들의 크기는 대체로 62×36×34㎝ 정도이고, 서벽

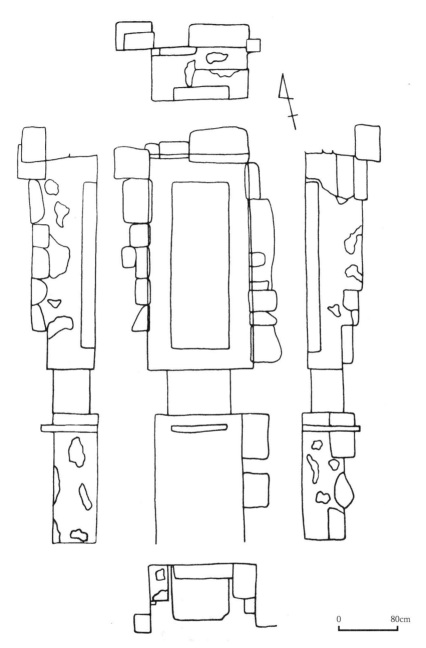

0   80cm

도면 10. 호남리 19호 무덤 실측도

을 쌓은 돌들은 42×30×32㎝쯤 된다. 널길의 크기를 보면 길이 1.72m, 너비 1.26m, 현재 높이 0.6m이다.

널방의 입구에는 석회암으로 된 장방형의 막음 판자돌이 세워져 있었는데 그 크기는 너비 0.77m, 높이 0.53m, 두께 5~7㎝이다<사진 167~170>.

막음돌의 안쪽에는 문턱 시설이 있었다<사진 171>. 문턱 시설은 평면이 장방형이고 자른면이 네모난 돌을 널길 바닥에 가로 놓고 겉면에 회를 발라 만들었다. 문턱 시설의 크기는 길이 0.88m, 너비 0.62m이며, 높이는 북쪽이 4㎝, 남쪽이 10㎝이다.

널방의 평면 생김새는 남북으로 긴 장방형이다<사진 172>. 널방 바닥은 널길 바닥과 같이 돌을 깔고 회칠을 하였는데 널길 바닥보다 6㎝ 높다.

벽체도 역시 석회암과 화강암으로 곧게 쌓고 겉면에 회로 미장을 하였는데 현재 윗부분은 허물어져서 4~5단 정도 남아 있다<사진 173~176>. 북벽은 다른 벽에 비하여 비교적 큰 돌로 쌓았다. 현재 2단 정도 남아 있지만 다른 벽의 3단 높이와 비슷하다. 드러난 벽체돌의 크기를 보면 북벽의 것은 대체로 80×50×34㎝이고, 서벽의 것은 72×37×32㎝쯤 된다. 널방의 크기는 길이 3m, 너비 1.42m, 높이 1m이다.

널방 가운데에는 평면이 장방형인 널받침 시설이 남북으로 길게 놓여 있다. 널받침 시설은 장방형의 구획 안에 화강암의 판돌들을 채워 넣고 겉면에 회를 바른 것이다. 널받침 시설의 크기는 길이 2.3m, 너비 0.9m, 높이 0.18m이다<사진 177>.

이 무덤에서는 머리가 없는 쇠널못이 1점 나왔다. 부러진 널못의 가로 자른 면은 방형이고 그 크기는 길이 7.2㎝이다<도면 11>, <사진 178>.

0   4cm

도면 11. 호남리 19호 무덤 출토 쇠널못

V. 호남리 20호 무덤

이 무덤은 호남리 18호 벽화무덤에서 남쪽으로 83m 떨어진 곳에 있다.

발굴 당시 봉토는 완전히 없어져 무덤이 있는 곳은 평지가 되어 있었는데 널방 벽 시설의 일부가 드러난 상태였다.

이 무덤은 널길과 널방으로 된 지상식의 외방무덤이며 방향은 남향이다 <도면 12>, <사진 179, 180>.

무덤 널길은 널방 남벽 중심에서 남쪽으로 길게 나 있다. 널길 입구는 크기가 서로 다른 석회암으로 막았는데 돌들의 크기는 대체로 62×30×20㎝, 60×26×14㎝, 36×30×14㎝이다. 널길의 벽체는 길이 1.1m, 너비 0.8m, 현재 높이 0.16m이다<사진 181>.

널방 입구에는 화강암으로 만든 장방형의 문턱 시설이 있다. 그 크기는 길이 1m, 너비 0.45m, 높이 0.16m이다.

널방의 평면 생김새는 남북으로 긴 장방형이다. 바닥에는 흙다짐을 하고 그 위에 주먹만한 돌들을 전면에 깔았다<사진 182>. 벽체는 현재 윗부분은 다 허물어지고 1, 2단 정도의 돌만이 남아 있다. 구체적으로 북벽과 동벽에는 벽체 돌이 2단 남아 있고<사진 183, 185> 남벽과 서벽에는 1단만 남아 있다<사진 184, 186>. 벽체는 원래 돌을 똑바로 올려 쌓고 겉면에 회를 바른 것이었다. 벽체돌은 대체로 62×24㎝, 55×22㎝ 크기이다. 널방의 크기는 길이 2.9m, 너비 1m이고 현재 남아 있는 벽체의 높이는 0.4m이다.

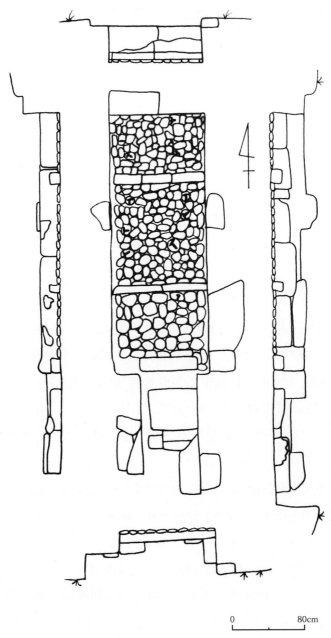

0   80cm

도면 12. 호남리 20호 무덤 실측도

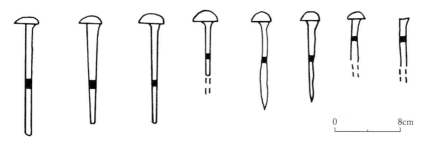

0   8cm

도면 13. 호남리 20호 무덤 출토 쇠널못

바닥의 동, 서 양쪽에는 배수시설이 있다.

널방 바닥에는 널받침이 설치되어 있다<사진 187~189>. 널받침 시설은 지금까지 발굴한 고구려 돌방 봉토무덤의 널받침 시설과는 달리 길쭉한 돌을 1m 정도 사이를 두고 가로 놓은 것이다. 널방 남쪽의 널받침 시설은 두 장방형의 돌을 한 줄로 이어 놓은 것이고, 북쪽의 널받침 시설은 돌 세 개를 한 줄로 이어 놓은 것이다. 널받침 시설을 만든 돌의 크기는 남쪽이 각각 53×10×11㎝, 51×11×8㎝이고, 북쪽은 대체로 37×12×8㎝, 30×12×8㎝이다.

널방에서는 쇠로 만든 널못이 16점 발굴되었다. 여기에는 머리가 달린 널못이 13점, 머리가 없거나 못대가 끊어진 널못이 3점이다. 널못은 반구형의 머리에 가로 자른 면이 방형이고 끝이 뾰족한 못대가 붙어있는 전형적인 고구려식 널못이다. 널못은 크기에 따라 큰 것과 작은 것으로 나누어지는데 큰 것은 머리 지름 3㎝, 못대 길이 11㎝, 가로 자른 면 한 변의 길이 0.7㎝이고 작은 것은 머리 지름 2.5㎝, 못대 길이 5㎝, 가로 자른 면 한 변의 길이 0.7㎝이다<도면 13>, <사진 190~192>.

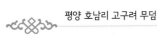

VI. 호남리 21호 무덤

이 무덤은 호남리 18호 벽화무덤에서 서남쪽으로 42m 떨어진 곳에 있다
<사진 16, 17>.

발굴 당시 봉토는 완전히 없어져 널길은 물론이고 널방의 남쪽 부분과 윗
부분이 허물어진 상태이다.

이 무덤은 널길과 널방으로 이루어진 반지하식의 돌방 봉토 외방무덤이며
방향은 동쪽으로 20° 치우친 남향이다<도면 14>, <사진 194, 195>.

널방의 평면 생김새는 방형에 가까운 장방형이다. 널방의 바닥에 깐 돌은
26×20㎝, 32×16㎝ 크기인데 전반적으로 매끈하지 못하고 울퉁불퉁하다.

널방의 벽체는 북벽과 서벽이 잘 남아 있고<사진 196, 198>, 동벽에는 2단 정
도의 돌만이 남아 있으며<사진 197>, 남벽은 파괴되어 그 상태를 전혀 알 수 없
다. 벽은 길쭉한 석회암을 똑바로 쌓아 올리고 그 위에 회로 미장하였는데 조사
당시 회는 거의 다 떨어진 상태였다. 조사 당시 북쪽 벽체에도 9단 정도의 돌
이 남아 있는데 여기에 사용된 돌의 크기는 52×12㎝, 44×12㎝, 50×14㎝ 정
도이다. 서벽의 벽체는 남쪽으로 가면서 허물어져 높이가 낮아졌는데 잘 남은
북쪽 부분에는 9단의 돌들이 남아 있고 남쪽 부분에는 5단 정도 남아 있다.
여기에 사용된 돌들의 크기는 대체로 64×18㎝, 54×18㎝, 48×17㎝이다.
동벽에는 3단 정도의 돌들이 남아 있는데 돌의 크기는 38×16㎝, 36×10㎝,
33×16㎝쯤 된다.

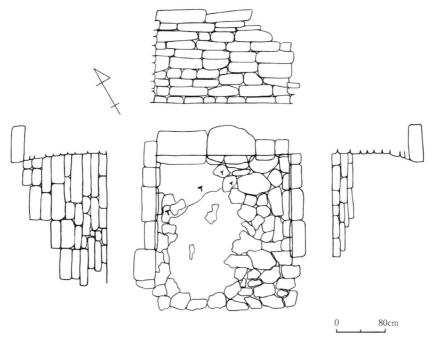

0   80cm

도면 14. 호남리 21호 무덤 실측도

　널방 가운데에는 무덤 천정이 무너지면서 떨어진 천정 막음돌과 삼각 고임돌이 있었다<사진 193>. 천정 막음돌의 크기는 150×130×36㎝이고, 삼각 고임돌은 115×30×20㎝ 크기이다.

　현재 널방의 크기는 남북 길이 2.5m, 동서 너비 2.2m, 높이 1.6m이다.

　널방에서는 널받침 시설이 찾아지지 않았다.

　널방에서는 4점의 쇠널못이 발굴되었다. 쇠널못은 반구형의 머리에 가로 자른 면이 방형인 못대가 달린 것이다. 널못의 크기는 서로 비슷하다<도면 15>, <사진 199, 200>.

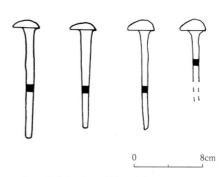

0   8cm

도면 15. 호남리 21호 무덤 출토 쇠널못

VII. 맺음말

이번에 평양시 삼석구역 호남리에서 새롭게 발굴한 4기의 고구려 돌방 봉토무덤은 여러 측면에서 고구려 고고연구에 귀중한 실물자료를 제공하고 있다.

호남리 18호 벽화무덤은 널길과 널방으로 이루어진 지상식 돌방 봉토 외 방무덤이며 무덤에는 사신도와 함께 넝쿨무늬, 원무늬, 별그림, 고리무늬, 인 동무늬 등이 그려져 있는 벽화무덤이다.

호남리 18호 벽화무덤에서는 연대를 알 수 있는 묵서명이나 유물들이 나 오지 않아 무덤의 축조 연대는 구조와 벽화 내용을 통해 다른 고구려 벽화무 덤들과의 비교 속에서 그 상대연대를 추정할 수밖에 없다. 먼저 무덤의 구조 를 보면 호남리 18호 벽화무덤은 중심 널길에 평행 삼각 고임 천정을 갖춘 평 면상 방형에 가까운 장방형의 널방을 가진 무덤이다. 이러한 구조를 비교하여 보면 호남리 18호 벽화무덤은 6세기에 해당되는 토포리 대묘, 개마총, 호남리 사신총, 내리 1호 무덤 등과 비슷하다. 다음으로 벽화 내용을 보면 호남리 18 호 벽화무덤은 사신도 주제의 벽화무덤이면서 넝쿨무늬와 별자리가 같이 그 려져 있는데 이러한 벽화무덤은 대부분 6~7세기에 속한다. 따라서 호남리 18 호 벽화무덤을 잠정적으로 6세기에 축조된 것으로 비정하고자 한다.

호남리 19호, 20호 돌방 봉토무덤은 길고 좁은 장방형의 널방 남벽 중심 에 좁은 널길이 붙어있는 무덤이다. 이러한 무덤은 평안남도 증산군(甑山郡)

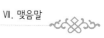

청산리(靑山里) 갈매동[海鷗洞] 5호 무덤, 자강도(慈江道) 시중군(時中郡) 노남리(魯南里) 남파동(南坡洞) 31호와 남파동 125호 무덤, 집안(集安) 상활룡(上活龍) 4호 무덤의 구조와 같다. 이러한 구조의 무덤들의 축조 시기는 역시 무덤에서 묵서명이나 기년명(紀年銘)이 나온 유물이 없으므로 구체적인 축조 시기를 알 수 없다. 그러므로 무덤에서 나온 유물을 통하여 추정할 수밖에 없다. 남파동 125호 무덤에서는 도끼날 모양의 활촉이 나왔는데 이러한 유형의 활촉 연대는 대부분 6세기 초로 보고 있다. 따라서 호남리 19호, 20호 무덤의 축조 시기도 6세기로 볼 수 있다.

호남리 21호 무덤은 널길과 천정이 파괴되어 구체적인 무덤의 구조를 알 수 없다. 그러나 이 무덤의 널방에서는 천정돌로 쓰였던 삼각 고임돌과 막음돌이 나왔다. 이러한 것으로 보아 이 무덤은 중심 널길에 평면이 방형에 가까운 널방으로 이루어진 평행 삼각 고임 천정을 하였던 것으로 볼 수 있다. 이러한 무덤 구조는 대체로 5~6세기에 축조된 무덤으로 볼 수 있다.

이번에 발굴된 무덤 가운데 호남리 18호 벽화무덤에서 주목되는 것은 천정에 그려진 별그림이다. 천정의 동남쪽에 그려진 별자리와 행성은 심수(心宿) 별자리와 목성으로, 동북쪽에 그려진 원은 수성으로 추정된다. 호남리 18호 벽화무덤의 새로운 발견은 고구려 문화, 특히 천문학의 발전 수준을 연구하는 데 귀중한 자료를 제공하고 있다. 또한 호남리 19호, 20호 무덤은 고구려 시기의 돌방 봉토무덤의 유형을 더욱 세분화할 필요성을 인식시켜 주는 귀중한 자료이다. 20호 무덤에서 가로 놓인 널받침과 같은 시설이 나타난 것은 고구려 무덤 형식에서는 보기 드문 것으로서 고구려 돌방 봉토무덤 구조의 다양성을 보여주는 또 하나의 실례라고 말할 수 있다.

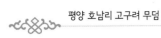
[한글초록]

    이 책은 2013년 8월부터 10월까지 북한 사회과학원 고고학연구소와 중국 연변대학 발굴조사팀이 함께 진행한 평양시 삼석구역 호남리 고구려 무덤에 대한 발굴의 결과물이다.

    평양시 삼석구역 남부에 위치한 호남리 일대는 호남리 사신총, 토포리 대묘를 비롯한 고구려의 유적이 집중적으로 분포하고 있는 문화유적지이다. 이번에 이 지역에서 호남리 고구려 18호 벽화무덤을 비롯한 4기의 고구려 돌방 봉토무덤을 발굴하였다.

    호남리 고구려 18호 벽화무덤은 널길과 널방으로 이루어진 지상식 돌방 봉토 외방무덤이다. 무덤에서는 사신도와 함께 넝쿨무늬, 원그림, 별그림, 고리무늬, 인동무늬, 꽃모양 무늬 등이 확인되었다. 이 무덤의 구조와 벽화 내용으로 볼 때 사신도 주제의 벽화무덤으로 판단된다.

    호남리 19호 무덤은 널길과 널방으로 이루어진 지상식 돌방 봉토무덤이다. 무덤에서는 문턱 시설, 널받침 시설 등이 확인되었다. 호남리 20호 무덤 역시 널길과 널방으로 이루어진 지상식의 돌방 봉토 외방무덤이다. 발굴과정에 문턱 시설, 배수 시설, 널받침 등이 확인되었고, 여러 점의 쇠널못이 발굴되었다. 호남리 21호 무덤은 널길과 널방으로 이루어진 반지하식의 돌방 봉토 외방무덤이다. 무덤이 심하게 파괴되어 현재 동벽에는 2단 정도의 돌들만 남아 있으며 남벽은 파괴되어 그 상태를 전혀 알 수 없다. 널방에서 4점의 쇠널못이 발굴되었다.

    이번에 발굴된 무덤 가운데 호남리 고구려 18호 벽화무덤에서 새롭게 발견된 별그림은 고구려 문화의 발전 수준, 특히 천문학 연구에 중요한 자료를 제공하고 있다. 또한 호남리 19호, 20호 무덤은 고구려 시기 돌방 봉토무덤

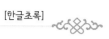

의 유형을 더욱 세분화할 필요성을 시사하는 귀중한 자료이다. 그 가운데 20호 무덤에서 지금까지 보기 드문 가로 놓인 널받침과 같은 시설이 조사된 것은 고구려 무덤 형식에서는 새로운 것으로서 고구려 돌방 봉토무덤 구조의 다양성을 보여주는 또 하나의 실례라고 말할 수 있다.

[Abstract]

From August to October in 2013, Archaeological Institute of North Korean Academy of Social Sciences together with a team from Yanbian University in China did a fieldwork excavation about the earth-covered stone-chamber tombs of the ancient Koguryo in the Sanshi area of Honam-ri.

The report contains the results of the survey.

Located in the southern part of the Sanshi region of Pyongyang, Honam-ri area is centered on Honam-ri four-God-Tomb and Tsuchiura large Tomb, with the ruins of Koguryo period concentrated. The excavation team found four earth-covered stone-chamber tombs of the ancient Koguryo, including Honam-ri NO.18 Koguryo earth-covered stone-chamber tomb.

Honam-ri NO.18 Koguryo mural tomb is a ground type single-chamber tomb which is constituted by the ramp and burial chamber. There were four-God picture painted, curly grass lines, stars, ringed, honeysuckle pattern, flower patterns and other patterns in the tomb. From the analysis of the structure of the tombs and murals, the tomb should belong to the Koguryo mural tomb which is centered by four-Gods picture.

Honam-ri No.19 tomb is a ground stone chamber tomb which consist of the ramp and burial chamber. Inside, there is a threshold and a coffin-bed and other facilities. So is Honam-ri NO.20 tomb, a

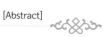

ground stone chamber tomb which consists of the ramp and burial chamber. During the course of clean-up, threshold, drainage, coffin-bed and other facilities were found, also unearthed a number of iron coffin nails. Honam-ri No.21 tomb is a fief underground stone chamber tomb which is constituted by the ramp and burial chamber. The tomb has been severely damaged. At present only two layers on the east side of the wall exists, the south wall is completely destroyed, and 4 pieces iron coffin nails are unearthed from the tomb.

The star pattern found in the Koguryo mural tomb on the 18th in Honam-ri has provided valuable material for studying the development level of Koguryo culture, especially for the study of Koguryo astronomy. The discovery of Honam-ri NO.19 and NO.20 tombs provide a physical basis for further subdividing the type of earth-covered stone-chamber tomb. It is worth noting that rare facilities found in Honam-ri NO.20 provides a new archeological materials for Koguryo study.

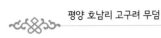

[中文提要]

2013年8月至10月间, 朝鲜社会科学院考古学研究所与中国延边大学发掘调查团共同对位于平壤市三石区域湖南里一带高句丽时期的石室封土墓进行了田野调查发掘。报告书收录了此次调查清理的成果。

位于平壤市三石区域南部的湖南里一带以湖南里四神墓、土浦里大墓为中心, 集中分布着高句丽遗迹。调查发掘团在这一地区发掘了包括湖南里18号高句丽壁画墓在内的4座高句丽时期的石室封土墓。

湖南里18号高句丽壁画墓系地上式封土石室单室墓, 由墓道、墓室构成。古墓中绘有四神图、卷草纹、星辰、环纹、忍冬纹、花纹等图案。从其墓葬结构和壁画内容分析, 该墓当属四神图为主的壁画墓。

湖南里19号墓系地上式石室封土墓, 由墓道、墓室构成。墓中设有门槛、棺床等设施。湖南里20号墓亦系地上式石室封土单室墓, 由墓道、墓室构成。清理过程中发现了门槛、排水、棺床等设施, 出土了若干铁棺钉。湖南里21号墓系半地下式石室封土墓, 由墓道、墓室构成。墓葬破坏严重, 现东壁仅存两层, 南壁完全被破坏, 在墓室出土了4件铁棺钉。

此次清理的墓葬中湖南里18号高句丽壁画墓中出现的星辰图案, 为研究高句丽文化的发展水平, 特别为高句丽天文学的研究提供了宝贵的实物资料。湖南里19号和20号墓的发现, 为进一步细分高句丽石室封土墓的类型提供了实物依据。值得注意的是, 在湖南里20号墓中确认了以往高句丽墓葬类型中不多见的棺床横置垫石, 为进一步研究高句丽石室封土墓的结构提供了新的实物资料。

［日語要旨］

　　この報告は2013年8月から10月まで、北朝鮮社会科学部考古学研究所は中国の延辺大学発掘調査队といっしょに平壤三石区域湖南里の高句麗の石室封土墓に対して研究しました。報告书には今回の調査の成果を収録された。

　　平壤三石区域南部の湖南里一帯は湖南里の四神墓と土浦里を中心に高句麗遺跡が集中配置している。調査の発掘団この地域で湖南里18号高句麗壁画墓を含まれて4つの高句麗時代の石室封土墓を発掘しました。

　　湖南里18号高句麗壁画墓は墓道と墓玄で構成された。古墓中では四神図や巻草紋や星辰や環紋や忍冬紋や花紋などの図案が描かれていた。その墓葬の構造と壁画の内容から分析すると、この墓は四神図を中心にしている壁画墓でした。

　　湖南里19号墓は墓道と玄室で構成された。墓の中ハ-ドルと棺ベッドなどの施設があります。湖南里20号墓は墓道と玄室で構成された。整理の過程で敷居や排水や棺ベッドなどの施設が発見された。そして、そこばくの鉄くぎが出土された。湖南里21号墓は墓道と玄室で構成された。墓葬は破壊がひどいでした。いま東の壁は2階に残された。南の壁は全部破壊された。墓室から4件の鉄くぎが出土された。

　　今回の整理した墓葬の中で湖南里18号高句麗壁画墓中の星辰図案は高句麗文化の発展水平の研究、特別に高句麗天文学の研究ために貴重な実物材料を提供してきた。湖南里19号と湖南里20号墓の発見は高句麗石室封土墓のタィプに実物拠りどころを提供してきた。注目に値するのは湖南里20号墓の中で、これまで高句麗墓葬タィプの中で見えない棺ベッド

ロ-ルパッド石を確認しました。それは高句麗石室封土墓の構造の研究に
対して新しい実物材料を提供してきた。

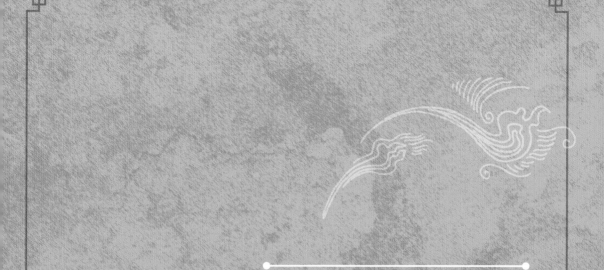

고구려 고분벽화 관련
주요 연구 논저

■ 단행본

강현숙, 2005.『고구려와 비교해 본 중국 한·위·진의 벽화분』(지식산업사).

_____, 2013.『고구려 고분 연구』(진인진).

경인문화사, 1987.『高句麗 古墳 壁畵』.

고고학 및 민속학연구소, 1957.『안악 제3호분 발굴보고』(과학원출판사).

_____, 1960.『안악 제1호분 및 제2호분 발굴보고』(과학원출판사).

_____, 1962.『고구려 벽화무늬』(과학원출판사).

_____, 1966.『미천왕무덤』(사회과학원출판사).

고구려연구재단, 2005.『고구려 고분벽화의 보존과 복원 문제』.

_____, 2005.『평양일대 고구려유적』.

고구려연구회, 1997.『高句麗 研究-高句麗 古墳壁畵-』(학연문화사).

_____, 2003.『高句麗 壁畵의 世界』.

국립문화재연구소, 2006.『(남북공동) 고구려 벽화고분 보존 실태 조사보고서』(남북역사학자협의회).

_____, 2018.『북한 고구려 고분벽화 모사도』.

권희경, 2001.『우리 영혼의 불꽃 고구려 벽화』(태학사).

김경상·이기우, 2019.『한민족의 뿌리 고조선과 고분벽화에 담긴 고구려의 찬란한 문화』(새로운 사람들).

김기웅, 1982.『韓國의 壁畵古墳』(同和出版公社).

_____, 1989.『고구려 고분 벽화』(瑞文堂).

김리나·임기환·전호태·강현숙, 2004.『고구려 고분벽화』(ICOMOS-Korea).

김성철, 2009.『조선 고고학 전서 : 고구려 벽화무덤(1)(2)』중세편 9·10(진인진).

김용준, 1958.『고구려 고분벽화 연구』(과학원출판사).

김원룡, 1974.『壁畵』韓國美術全集 4(同和出版公社).

_____, 1980.『韓國 壁畵古墳』(一志社).

김일권, 2008.『고구려 별자리와 신화』(사계절).

나일성, 2000.『한국 천문학사』(서울대학교 출판부).

남북역사학자협의회, 2013.『(세계문화유산) 고구려 고분벽화』.

동북아역사재단, 2009.『고구려 벽화 연구의 현황과 콘텐츠 개발』.

_____, 2011.『옥도리 고구려 벽화무덤』.

리철영, 2010. 『고국원왕릉』(사회과학출판사).

문명대 등, 2009. 『고구려 고분벽화』(한국미술사연구소).

박아림, 2015. 『고구려 고분벽화 유라시아 문화를 품다』(학연문화사).

박진욱·김종혁·주영헌·장상렬·정찬영, 1981. 『덕흥리 고구려 벽화무덤』(과학백과사전출판사).

복기대 등, 2017. 『4~5세기 동북아시아 고구려계 벽화고분의 이해』(주류성).

손기창·왕걸, 2010. 『高句麗 古墳壁畵의 完成(上)·(下)』(수연도서).

손수호, 2001. 『고구려 고분연구』(사회과학출판사).

_____, 2009. 『고구려 무덤에 관한 연구』(진인진).

안휘준, 2007. 『고구려 회화』(효형출판).

_____, 2013. 『한국 고분벽화 연구』(사회평론).

윤병렬, 2008. 『고구려의 고분벽화에 그려진 한국의 고대철학』(철학과현실사).

_____, 2020. 『고구려 고분벽화에 담긴 철학적 세계관』(지식산업사).

이태호·유홍준, 1995. 『高句麗 古墳壁畵』(풀빛).

장경혜·남후선·이정옥, 1993. 『고구려 고분벽화에 나타난 복식미 연구』(영남대학교 자원문제연구소).

전호태, 1999. 『고분벽화로 본 고구려 이야기』(풀빛).

_____, 2000. 『고구려 고분벽화 연구』(사계절).

_____, 2004. 『고구려 고분벽화의 세계』(서울대학교 출판부).

_____, 2004. 『벽화여, 고구려를 말하라』(사계절).

_____, 2007. 『고구려 고분벽화 이야기』(사계절).

_____, 2008. 『고구려 고분 벽화 읽기』(서울대학교출판부).

_____, 2012. 『고구려 고분벽화 연구 여행』(푸른역사).

_____, 2016. 『고구려 벽화고분』(돌베개).

_____, 2019. 『무용총 수렵도』(풀빛).

정호섭, 2011. 『高句麗 古墳의 造營과 祭儀』(서경문화사).

주영헌, 1961. 『고구려 벽화무덤의 편년에 관한 연구』(과학원출판사).

진영선 등, 2005. 『고구려 벽화의 이미지 복원』(고구려연구재단).

최무장·임연철, 1990. 『고구려 벽화고분』(신서원).

최승필·김지연, 2017. 『벽화 가득한 고구려 무덤』(대교).

한성백제박물관, 2016. 『고구려 고분벽화 -2016 선사고대기획전-』.

한영진·렴철·한상준, 2009.『고구려 벽화 보존』(과학기술출판사).

■ **학술논문**

강룡, 2016.「새로 조사발굴된 남포시 룡강군 옥도리 일대의 력사유적에 대하여」『민족문화유산』2.

강영경, 2004.「古墳壁畵를 通해서 본 高句麗 女性의 役割과 地位」『고구려발해연구』17.

강우방, 2002.「高句麗 古墳壁畵와 佛像 光背의 氣 表現」『미술사논단』15.

강은숙, 2002.「高句麗의 古墳壁畵에 나타난 樹下人物圖」『광주대학논문집』11.

_____, 2005.「4세기~6세기 말 고구려 고분 벽화 수하인물도에 나타난 색채 연구」『한국의상디자인

　　　학회지』7-1.

강인구, 1997.「安岳 3號墳의 主人公에 대한 論議」『考古學으로 본 韓國古代史』(학연문화사).

강재호, 1928.「고구려시대 고분벽화에서 본 불교사상」『불교』54.

강현숙, 1999.「高句麗 石室封土壁畵墳의 淵源에 대하여」『한국고고학보』40.

_____, 2003.「高句麗 壁畵墳과 新羅 榮州地域 壁畵墳 比較 考察」『백산학보』67.

_____, 2004.「中國 甘肅省의 4·5세기 壁畵墳과 高句麗 壁畵墳의 比較 考察」『한국고대사연구』35.

_____, 2013.「高句麗 古墳 壁畵에 표현된 觀念과 實際— 西域系 人物을 中心으로」『역사문화연구』48.

_____, 2017.「시공을 뛰어 넘은 고구려 고분벽화」『고구려발해연구』59.

고경희, 2011.「고분벽화에 나타난 한국 춤의 변모 양상 —고구려와 고려를 중심으로」『체육사학회지』16.

_____, 2015.「고구려 무용에 내재된 "비천"적 세계관」『한국무용연구』46.

고고학 및 민속학연구소, 1957.「안악 3호분의 년대와 그 피장자에 대한 학술토론회」『문화유산』2.

_____, 1958.「안악 제1호분 발굴보고」『유적발굴보고』4.

_____, 1958.「안악 제2호분 발굴보고」『유적발굴보고』4.

고고학연구소, 2001.「태성리에서 새로 발굴된 고구려 벽화무덤」『조선고고연구』4.

_____, 2009.「고산동 일대의 벽화무덤」『조선고고학총서』33.

_____, 2009.「태성리 3호 무덤」『조선고고학총서』33.

_____, 2009.「연탄군 송죽리 벽화무덤」『조선고고학총서』34.

고광의, 1999.「4~7世紀 高句麗 壁畵古墳 墨書의 書藝史的 意義」『고구려발해연구』7.

_____, 2000.「德興里 벽화무덤 墨書의 書體 硏究」『동양예술논총』4.

_____, 2004.「高句麗 古墳壁畵에 나타난 書寫 관련 내용 검토」『한국고대사연구』34.

_____, 2011. 「옥도리 고구려 고분벽화에 대한 고찰」 『고구려발해연구』 41.

_____, 2019. 「고구려 고분벽화와 남북교류협력」 『미술사학연구』 304.

고승길, 1996. 「고분벽화에 묘사된 고구려의 곡예와 아시아의 곡예」 『연극연구』 10.

고적발굴대, 2002. 「새로 발굴된 태성리 3호 고구려 벽화무덤」 『조선고고연구』 1.

_____, 2006. 「연탄군 문화리 돌칸흙무덤」 『조선고고연구』 1.

_____, 2010. 「송죽리 벽화무덤의 축조 년대에 대하여」 『조선고고연구』 4.

_____, 2011. 「동산동 벽화무덤 발굴보고」 『조선고고연구』 4.

_____, 2011. 「옥도리 벽화무덤 발굴보고」 『조선고고연구』 4.

_____, 2013. 「민속공원 1호 고구려 벽화무덤 발굴보고」 『조선고고연구』 4.

_____, 2016. 「고산동 1호 무덤 발굴보고」 『조선고고연구』 1.

공석구, 1989. 「安岳 3號墳의 墨書銘에 대한 考察」 『역사학보』 121.

_____, 1990. 「德興里 壁畵古墳의 主人公과 그 性格」 『백제연구』 21.

_____, 1996. 「德興里 壁畵古墳 被葬者의 國籍 問題」 『한국상고사학보』 22.

_____, 1998. 「安岳 3號墳 主人公의 冠帽에 대하여」 『고구려발해연구』 5.

_____, 2000. 「高句麗의 南進과 壁畵古墳」 『한국고대사연구』 20.

_____, 2001. 「安岳 3號墳 主人公의 節에 대하여」 『고구려발해연구』 11.

_____, 2005. 「安岳 3號墳의 幢에 대하여」 『고구려발해연구』 19.

_____, 2007. 「안악 3호분의 주인공과 고구려」 『백산학보』 78.

곽동해, 2003. 「高句麗 古墳壁畵의 裝飾 文樣 一考察」 『고구려발해연구』 16.

권영필, 1996. 「玄武圖像과 중앙아시아 '動物鬪爭' 美術樣式」 『중앙아시아연구』 1.

권희경, 1992. 「집안 五盔墳의 제5호 고분 벽화에 관한 연구」 『효성여대연구논문집』.

_____, 2000. 「第3期 高句麗 古墳壁畵에 나타난 仙人·仙女像 및 奏樂天에 관한 硏究」 『한국고대사연구』 20.

권희연, 2008. 「고구려 고분벽화의 摸寫圖 제작 연구」 『백산학보』 81.

금경숙, 2005. 「고구려 고분 벽화에 나타난 인물상과 신분」 『한국사학보』 21.

김건희, 2012. 「5C中~7C初 중층적 종교관에 따른 고대 이상향에 관한 연구 – 고구려 고분벽화와 백제 금동대향로를 중심으로」 『단군학연구』 27.

_____, 2012. 「고구려 고분벽화에 내재된 선·불 혼합적 내세관을 통한 한국적 이상향의 원류에 관한 연구」 『한국학연구』 43.

_____, 2013. 「고구려의 대외정책과 고분벽화의 내세관과의 상관관계에 관한 고찰」 『단군학연구』 29.

김경복, 2010. 「고분벽화에 나타난 고구려의 부엌과 식사 풍습」 『한국사학보』 39.

김경삼, 2004. 「최근에 알려진 고구려 벽화무덤」 『사회과학원학보』 (2004년 특집호).

김경수, 2007. 「고구려 고분벽화 속의 기록관에 대하여」 『한국사학사학보』 15.

김광철, 2010. 「송죽리 벽화무덤의 축조 년대에 대하여」 『조선고고연구』 4.

_____, 2015. 「송죽리 벽화무덤의 피장자」 『조선고고연구』 1.

_____, 2015. 「송죽리 벽화무덤의 특징」 『조선고고연구』 3.

_____, 2017. 「송죽리 무덤벽화를 통하여 본 고구려 무장 장비의 발전상」 『조선고고연구』 2.

_____, 2019. 「송죽리 일대의 고구려 무덤들에 대한 조사 발굴이 가지는 학술적 의의」 『조선고고연구』 4.

김광철·안춘성, 2014. 「송죽리 고구려 벽화무덤 발굴보고(2)」 『조선고고연구』 2.

김근식, 2012. 「德興里 壁畵古墳의 墨書와 圖像 검토를 통해 본 鎭의 國籍」 『동국사학』 52.

_____, 2015. 「고구려 '王'자문 벽화고분의 편년과 형성 배경」 『목간과 문자』 14.

_____, 2017. 「德興里 壁畵古墳의 仙人·玉女圖 硏究」 『동아시아고대학』 45.

김기웅, 1981. 「韓國 壁畵古墳의 特性과 隣接地域 壁畵古墳과의 關係」 『韓國古代文化와 隣接 文化와의 관계』 (한국정신문화연구원).

_____, 1983. 「고구려의 벽화고분 해설」 『韓國의 服飾』 (한국문화재보호협회 편).

김남일, 2006. 「송죽리 2호·3호 고구려 돌칸흙무덤 발굴보고」 『조선고고연구』 3.

김대영·김광철, 2013. 「송죽리 고구려 벽화무덤 발굴보고(1)」 『조선고고연구』 1.

김도경·주남철, 2003. 「雙楹塚에 묘사된 木造建築의 構造에 關한 硏究」 『대한건축학회 논문집』 19-2.

김동일, 2009. 「평양 천도를 전후한 시기의 고구려 무덤 벽화에 보이는 북두칠성」 『조선고고연구』 2.

김동현, 1987. 「高句麗 壁畵古墳의 拱包 性格」 『三佛金元龍敎授停年退任紀念論叢』 Ⅱ.

김미자, 1997. 「高句麗 古墳壁畵를 통해 본 高句麗 服飾에 關한 硏究」 『고구려발해연구』 4.

김민선·맹유진·이상은, 2005. 「안악 3호분을 통해서 본 머리모양 연구」 『한국의상디자인학회지』 7-3.

김버들·조정식, 2001. 「고구려 고분벽화의 건축 요소에 관한 연구」 『대한건축학회 논문집』 17-12.

김사봉, 1980. 「봉성리 벽화무덤에 대하여」 『력사과학』 2.

_____, 1986. 「고산동 20호 벽화무덤에 대하여」 『조선고고연구』 1.

김사봉·최웅선, 1988. 「안학동, 로산동 일대의 고구려 무덤 발굴보고」 『조선고고연구』 4.

김상규, 1975. 「高句麗 舞踊塚에 관한 논고」 『안동교육대학논문집』 8.

김설해, 2018. 「무덤 벽화를 통하여 본 고구려 군대의 전투 방식」 『조선고고연구』 4.

_____, 2019. 「고구려 벽화무덤이 우리 민족사 발전에서 차지하는 문화사적 지위」 『조선고고연구』 1.

_____, 2019. 「고구려 벽화무덤이 세계문화사 발전에서 차지하는 지위」 『민족유산』 1.

김성철, 1997. 「고구려 무덤벽화에 그려진 사신도의 출현 시기에 대하여」 『조선고고연구』 2.

_____, 2000. 「고구려 사신도 무덤벽화의 류형과 그 변천」 『조선고고연구』 1.

_____, 2006. 「고국원왕릉(안악 3호 무덤)의 동수 무덤설에 대한 비판」 『조선고고연구』 3.

_____, 2019. 「호남리 18호 벽화무덤의 벽화에 대하여」 『조선고고연구』 1.

김성철·리정희, 2017. 「호남리 18호 벽화무덤 발굴보고」 『조선고고연구』 4.

김수민, 2011. 「高句麗 古墳壁畫에 나타나는 문지기에 대한 小考」 『한국고대사탐구』 8.

김연수, 2015. 「고구려 고분벽화의 성별 분류와 여성 두식 연구」 『고구려발해연구』 53.

김영미, 2008. 「고구려 고분벽화의 색채 연구」 『문화예술관광연구』 1.

김영숙, 1988. 「고구려 무덤 벽화의 구름무늬에 대하여」 『조선고고연구』 2.

_____, 1988. 「고구려 무덤 벽화의 련꽃 무늬에 대하여」 『조선고고연구』 3.

_____, 1988. 「고구려 무덤 벽화에 그려진 기둥과 두공 장식에 대하여」 『조선고고연구』 4.

김영숙, 2008. 「Computer Graphic을 이용한 고구려 고분 벽화 배색 연구」 『淸大학술논집』 11.

김영자, 1984. 「壁畫를 通해 본 高句麗 服飾의 소매에 관한 考察」 『백산학보』 29.

김영재, 2002. 「고구려 고분벽화에 나타난 우리나라 고대 장식(粧飾)에 관한 연구」 『한국의상디자인
학회지』 4-3.

김영학·안종남, 2005. 「高句麗 古墳壁畫에 나타난 武藝 形態의 調査研究」 『武道研究所誌』 16.

김용남, 1979. 「새로 알려진 덕흥리 고구려 벽화무덤에 대하여」 『력사과학』 3.

김용문, 2004. 「壁畫에 나타난 高句麗의 머리 모양과 化粧文化」 『고구려발해연구』 17.

김용준, 1957. 「안악 제3호분(하무덤)의 년대와 그 주인공에 대하여」 『문화유산』 3.

김용철, 2007. 「근대 일본인의 고구려 고분벽화 조사 및 모사, 그리고 활용」 『미술사학연구』 254.

김원룡, 1959. 「高句麗 古墳壁畫에 있어서의 佛敎的 要素」 『白性郁博士頌壽記念佛敎學論文集』.

_____, 1960. 「高句麗 古墳壁畫의 起源에 대한 研究」 『진단학보』 21.

_____, 1979. 「高句麗 壁畫古墳의 新資料」 『역사학보』 81.

김윤경, 2020. 「고구려 고분 벽화와 금단(金丹) 도교의 세계관」 『사회와 철학』 39.

김인철, 2002. 「태성리 3호 벽화무덤의 축조 년대와 주인공 문제에 대하여」 『조선고고연구』 1.

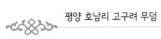

김일권, 1996. 「고구려 고분벽화의 별자리그림 考定」 『백산학보』 47.

_____, 1996. 「고구려 고분벽화의 天文 관념 체계 연구」 『진단학보』 82.

_____, 1997. 「고구려 고분벽화의 天文思想 특징」 『고구려발해연구』 3.

_____, 1998. 「고구려 고분벽화의 북극성 별자리에 관한 연구」 『고구려발해연구』 5.

_____, 1999. 「고구려 위진 수당대 고분벽화의 천문성수도 고찰」 『한국문화』 24.

_____, 2000. 「고구려인들의 별자리 신앙」 『종교문화연구』 2.

_____, 2000. 「고구려 고분벽화의 내세관 변천에 대한 논의」 『역사와 현실』 37.

_____, 2001. 「四神圖 형식의 성립 과정과 漢代의 天文星宿圖 고찰」 『고구려발해연구』 11.

_____, 2003. 「고구려 벽화와 고대 동아시아의 벽화 天文傳統 고찰」 『고구려발해연구』 16.

_____, 2004. 「壁畵 天文圖를 통해서 본 高句麗의 正體性」 『고구려발해연구』 18.

_____, 2009. 「고구려 고분벽화의 도교와 유교적 신화 도상 분석」 『동북아역사논총』 268.

_____, 2010. 「고구려 벽화의 仙과 하늘의 상상력 실재」 『미술사학연구』 268.

_____, 2012. 「고구려 벽화 속의 과기문화 단상」 『한국학』 35-1.

김정기, 1969. 「高句麗 壁畵古墳에서 보는 木造建物」 『金載元博士回甲記念論叢』.

김정배, 1978. 「安岳 3號賁 被葬者 논쟁에 대하여 ―冬壽墓說과 美川王陵說을 중심으로―」 『고문화』 16.

김정선, 2000. 「高句麗 古墳壁畵 變遷에 관한 新論 – 服飾을 중심으로」 『문물연구』 4.

김정숙, 1996. 「高句麗 古墳壁畵 素材 變化에 대한 一考察」 『한국고대사연구』 9.

_____, 2007. 「고구려 삼실총 지천역사상의 도상적 원류」 『동서의 예술과 미학』 (솔출판사).

김정신, 1998. 「壁畵古墳을 통해 본 高句麗 木造建築에 대한 硏究」 『단국대학논문집』 32.

_____, 1999. 「壁畵古墳을 통해 본 高句麗 住居建築에 관한 연구」 『단국대산업기술연구』 1.

김정진, 2001. 「高句麗 古墳壁畵에 나타난 女子 頭飾 硏究」 『서라벌대학논문집』 19.

김정자, 2000. 「남부지역의 출토유물을 통하여 고구려 벽화에서 보이는 갑주에 관한 고찰」 『복식문화
연구』 8-1.

김정호, 1990. 「고구려 고분벽화 속의 복식에 관한 연구」 『복식』 15.

_____, 2001. 「고구려벽화에 나타난 복식연구」 『동양예술』 4-6.

김정희, 1982. 「高句麗 古墳壁畵의 繪畵性 考察」 『교육논집』 7(부산대 사범대).

_____, 2013. 「쌍영총(雙楹塚) 의식행렬도(儀式行列圖) 벽화(壁畵)의 도상(圖像)과 성격(性格)」 『강
좌미술사』 41.

김종혁, 1974. 「수산리 고구려 벽화무덤 발굴 중간보고」 『고고학자료집』 4.

_____, 1985. 「수산리 벽화무덤과 다까마쯔 무덤」 『력사과학』 2.

김주미, 2004. 「鳳凰紋과 韓民族의 天神 思想-高句麗 古墳 壁畵를 중심으로」 『문화사학』 21.

_____, 2009. 「고구려 고분 벽화에 나타난 日象文 연구」 『고구려발해연구』 34.

김지영, 2004. 「고구려 고분벽화에 나타난 장식문양 연구」 『문양』 6(우리마당 터).

김진순, 2003. 「集安 오회분 四·五號墓 벽화 연구」 『미술사연구』 17.

_____, 2005. 「중국 학계의 고구려 고분벽화 연구 분석」 『중국의 한국고대문화연구 분석』(고구려연구재단).

_____, 2008. 「5세기 고구려 고분벽화의 불교적 요소와 그 연원」 『미술사학연구』 258.

_____, 2009. 「高句麗 後期 四神圖 고분벽화와 古代 韓·中 문화 교류」 『선사와 고대』 30.

_____, 2019. 「고구려 고분벽화 연구 동향과 과제」 『동양미술사학』 9.

김창호, 1990. 「黃海道 坪井里 壁畵古墳의 묵서명 - 고구려 고분의 묵서명 검토(Ⅰ)-」 『향토문화』 5.

김현권, 2013. 「안악 3호분의 불교적 이해와 묘주도류의 화풍」 『강좌미술사』 41.

김혜봉·최종인, 1994. 「高句麗 古墳壁畵에 나타난 武道服에 관한 考察」 『禪武學術論集』 4.

김혜숙, 1993. 「고구려 벽화무덤에 그려진 수렵도의 류형에 대하여」 『조선고고연구』 2.

_____, 1993. 「고구려 벽화무덤의 수렵도에 반영된 사냥도구에 대하여」 『조선고고연구』 4.

_____, 1994. 「고구려 벽화무덤에 그려진 수렵도의 특징」 『조선고고연구』 3.

김혜전, 1978. 「高句麗 壁畵 服飾과 高松塚 壁畵 服飾의 比較研究」 『숭전대학논문집(인문사회과학)』 8-1.

김효숙·강인애, 2012. 「고구려 시대 무용총 여자 무용수 복식의 재현」 『한국디자인포럼』 35.

김희정, 1997. 「安岳 3號墳 服飾 研究 1 -男子 服飾-」 『복식』 31.

나희라, 2005. 「무덤과 무덤벽화를 통해 본 고구려인의 생사관」 『고분벽화로 본 고구려 문화』(고구려연구재단).

남성진, 2009. 「고구려 고분벽화에 나타난 길놀이의 자취와 의미」 『비교민속학』 38.

노복순, 2015. 「고구려 고분벽화 "주악도"에 나타난 공연문화 양상」 『공연문화연구』 30.

노성환, 2008. 「고구려 고분벽화와 일본의 칠석 설화」 『일어일문학연구』 64.

노태돈·서영대, 1992. 「墨書銘: 安岳 3號墳 墨書銘, 德興里 古墳 墨書銘, 牟頭婁 墓誌, 其他 壁畵古墳 墨書銘」 『韓國古代金石文』 1(韓國古代社會研究所).

도유호, 1949. 「안악에서 발견된 고구려 고분들」 『문화유물』 1.

도학회, 1999. 「高句麗 四神圖의 造形性 研究」 『미술교육』 9.

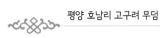
東潮, 1997. 「고구려 壁畵古墳의 石室 構造에 관한 연구」『고구려발해연구』 4.

라영, 2016. 「동산동 벽화무덤의 등급과 피장자」『조선고고연구』 2.

류지원·소영진, 2000. 「고구려 고분벽화에 나타난 두식의 조형 양식」『한국미용학회지』 6-3.

리경식, 1989. 「고구려 무덤 벽화 구도에서 공간의 이용」『조선고고연구』 4.

_____, 1990. 「고구려 무덤 벽화에 적용된 립체 표현 수법」『조선고고연구』 2.

리광희, 2016. 「대성동 무덤떼에서 발견된 귀금속 공예품들에 대하여」『조선고고연구』 2.

리기웅, 2011. 「고구려 벽화 보존 관리를 과학적으로 하는 것은 민족문화유산 계승 발전의 중요한 요구」『조선고고연구』 4.

리영애, 2001. 「고구려 무덤 벽화 무늬의 류형과 형식」『조선고고연구』 2.

_____, 2002. 「고구려 무덤 벽화무늬 도안화 공정과 그에 쓰인 몇 가지 수법」『조선고고연구』 1.

리일남, 1986. 「운룡리 벽화무덤 발굴보고」『조선고고연구』 2.

리준걸, 1981. 「덕화리 2호 무덤의 별그림에 대하여」『력사과학』 1.

_____, 1981. 「28수를 다 그린 진파리 4호 무덤」『력사과학』 3.

_____, 1984. 「고구려 벽화무덤의 별그림에 대한 연구」『고고민속론문집』 9.

_____, 1985. 「고구려 벽화무덤의 해와 달 그림에 대하여」『력사과학』 2.

_____, 1997. 「고구려 고분벽화를 통해 본 고구려의 천문학 발전에 대한 연구」『고구려발해연구』 4.

리창언, 1988. 「동암리 벽화무덤 발굴보고」『조선고고연구』 2.

_____, 1989. 「동암리 벽화무덤 년대」『조선고고연구』 3.

리화선, 1989. 「벽화 두공을 통해 본 고구려 건축물의 두공」『조선고고연구』 3.

武家昌·정원철, 2003. 「高句麗 古墳壁畵 中 蓮花의 形態와 位置에 關한 硏究」『고구려발해연구』 16.

문명대, 1991. 「長川 1號墳 佛像 禮拜圖 壁畵와 佛像의 始原 問題」『선사와 고대』 1.

_____, 2013. 「德興里 高句麗 古墳壁畵와 그 淨土往生七寶儀式圖의 도상 의미와 특징에 대한 새로운 해석」『강좌 미술사』 41.

門田誠一, 2003. 「高句麗 古墳壁畵와 日本 飛鳥時代 古墳壁畵의 比較 硏究」『고구려발해연구』 16.

문정미, 2010. 「동명왕릉 일대의 고구려 벽화무덤들에 그려진 산수화에 대하여」『조선고고연구』 2.

문주석, 2007. 「북한의 고구려 고분벽화에 나타난 '고각(鼓角)' 연구」『남북문화예술연구』 1.

민병삼, 2007. 「고구려 고분벽화의 星宿圖에 대한 風水的 해석」『동양예술』 12.

민병찬, 2005. 「고구려 古墳壁畵를 통해 본 初期 佛敎美術 硏究」『고분벽화로 본 고구려 문화』(고구려연구재단).

박경자, 1968. 「古墳壁畵에서 본 高句麗 服飾 小考」 『又堂趙坵甚先生華甲記念家庭學論文集』.

_____, 1981. 「德興里 古墳壁畵의 服飾史的 研究」 『복식』 5.

박경희, 2006. 「고구려 고분벽화에 나타난 토기의 심미의식에 관한 연구」 『동양예술』 11.

박남희, 1984. 「古代 이집트의 蓮花紋과 高句麗 古墳壁畵에 나타난 韓國 蓮花紋의 比較 研究」 『동양문화연구』 11.

박선희, 2004. 「壁畵를 通해서 본 高句麗의 옷차림文化」 『고구려발해연구』 17.

_____, 2006. 「복식의 비교연구에 의한 안악 3호 고분 묘주의 국적」 『백산학보』 76.

박소연, 2008. 「가상현실기반 고구려 고분벽화의 오감체험형 콘텐츠 개발」 『디지털디자인학연구』 8-4.

_____, 2010. 「고구려 고분벽화 3차원 가상현실 영상콘텐츠 개발」 『한국콘텐츠학회지』 8-1.

박아림, 1999. 「高句麗 古墳壁畵의 天人」 『淑大史論』 21.

_____, 2003. 「高句麗 壁畵와 甘肅省 魏晉時期(敦煌 包含) 壁畵 比較 研究」 『고구려발해연구』 16.

_____, 2006. 「高句麗 古墳壁畵 기초자료 정리와 검토」 『동북아역사논총』 13.

_____, 2007. 「高句麗 古墳壁畵와 同時代 中國 北方民族 古墳美術과의 比較研究」 『고구려발해연구』 28.

_____, 2007. 「고구려 벽화를 통해서 본 고구려의 정체성 연구」 『고구려발해연구』 29.

_____, 2007. 「高句麗 集安 地域 中期 壁畵古墳의 西域的 要素 研究 −中國 北朝 古墳美術과의 비교를 중심으로」 『중국사연구』 50.

_____, 2009. 「고구려 무용총 편년의 재검토」 『고구려발해연구』 34.

_____, 2012. 「고구려 벽화의 장식 문양과 錦帳의 표현」 『고구려발해연구』 43.

_____, 2012. 「고구려 벽화고분의 帷帳의 설치와 기능」 『고구려발해연구』 44.

_____, 2014. 「고구려 고분벽화와 북방문화」 『고구려발해연구』 50.

_____, 2018. 「高句麗 古墳壁畵 模寫圖의 현황과 일제강점기 자료의 검토」 『고구려발해연구』 62.

_____, 2020. 「고구려 고분벽화와 북방·유라시아미술 연구 성과와 과제」 『인문과학연구』 30.

박윤원, 1963. 「안악 제3호분은 고구려 미천왕릉이다」 『고고민속』 2.

박윤희, 2018. 「북한 고구려 고분벽화 模寫圖의 가치와 활용에 대하여」 『한국고대사탐구』 29.

박종수, 2004. 「고구려 고분벽화의 종교적 의미에 대한 연구」 『종교문화연구』 6.

박준호, 1999. 「고구려 벽화무덤에 그려진 장방생활도의 류형과 변천」 『조선고고연구』 4.

박진욱, 1990. 「안악 3호 무덤의 주인공에 대하여」 『조선고고연구』 2.

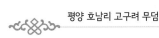

_____, 1992. 「덕흥리 벽화무덤의 주인공과 유주의 소속 문제에 대하여」『조선고고연구』2.

_____, 1997. 「高句麗 壁畵무덤의 類型 變遷과 編年에 관한 研究」『고구려발해연구』4.

박진재·이상해, 2012. 「둔황 막고굴 벽화와 고구려 고분군 벽화에 나타난 성곽도 연구」『대한건축학회 논문집』28.

朴燦奎·鄭京日, 2014. 「새롭게 발굴된 호남리 18호 벽화무덤에 대하여」『한국 고대사 연구의 자료와 해석』(사계절).

박창범, 2007. 「고구려 고분 벽화의 별자리 동정」『천문학회보』32.

박창범·양홍진, 2009. 「고구려의 고분 벽화 별자리와 천문 체계」『한국과학사학회지』31-1.

박철민, 2019. 「소나무가 그려진 고구려 무덤 벽화들」『조선고고연구』2.

박현영·변종필, 2006. 「高句麗 古墳壁畵 蓮花紋에 나타난 造形的 美感연구」『동양예술』11.

박현정, 1999. 「高句麗 古墳壁畵에 나타난 生活風俗圖의 性格」『梨大史苑』32.

_____, 2000. 「고구려 수산리 벽화 남자주인 袍 고증제작을 위한 실험적 연구」『한복문화』3-3.

박현주, 2006. 「德興里 壁畵古墳 研究」『미술사학연구』252.

박황식, 1965. 「미천왕무덤(안악 제3호)의 건축 구성에 대하여」『고고민속』1.

方起東, 2003. 「集安 고구려 벽화 고분의 축조 방식」『고구려발해연구』16.

白石太一郎, 1997. 「일본의 고분벽화와 고구려의 고분벽화」『고구려발해연구』4.

변미혜, 1984. 「安岳 第三號墳의 奏樂圖가 갖는 文化史的 意義에 관한 考察」『한국음악연구』13·14.

변진의, 1989. 「高句麗 古墳壁畵의 繪畵 形式에 관한 研究」『수원대학교논문집』7.

서길수, 1997. 「평양지역 고분벽화의 분포 현황과 보존 방향」『고구려발해연구』3.

_____, 2004. 「高句麗 壁畵에 나타난 高句麗의 城과 築城術」『고구려발해연구』17.

서연호, 2004. 「壁畵를 通해 본 高句麗 집문화(住居文化)」『고구려발해연구』17.

서영교, 2004. 「고구려 기병과 등자 –고구려 고분벽화를 중심으로」『역사학보』181.

서종석·임식, 2019. 「고구려의 고분 벽화와 체육문화적 이해」『한국스포츠학회지』17-2.

서진수, 2004. 「高句麗 壁畵에 나타난 社會經濟」『고구려발해연구』17.

성기숙, 1997. 「고구려 고분벽화 무용도 분석」『한국무용연구』15.

성제훈, 2018. 「고구려 고분벽화에 보이는 기사법(騎射法) 양상 검토」『체육사학회지』23-2.

소황옥, 2001. 「고구려 복식의 재현을 위한 덕흥리 고분벽화의 연구」『한복문화』4-4.

_____, 2005. 「고구려 고분 벽화에 나타난 한국 복식의 유형」『비교민속학』28.

손수호, 1992. 「고구려 무덤벽화에 그려진 행렬도의 류형과 변천에 대하여」『조선고고연구』3.

_____, 1993. 「벽화무덤을 통하여 본 고구려 행렬의 등급」 『조선고고연구』 1.

_____, 1993. 「무덤 벽화를 통해 본 고구려 행렬 편성 방법과 그 특징」 『조선고고연구』 3.

_____, 1994. 「벽화무덤의 행렬도를 통해 본 고구려 행렬의 특성」 『조선고고연구』 2.

_____, 2011. 「당의 현명한 령도 밑에 고구려 벽화 연구에서 이룩된 자랑찬 성과」 『조선고고연구』 4.

_____, 2014. 「옥도리 고구려 벽화무덤」 『학술토론회 론문집(력사학)』(김일성 종합대학).

_____, 2016. 「최근에 조사발굴된 고구려 벽화무덤들에서 주목되는 문제」 『조선고고연구』 2.

손수호 · 리영애, 2001. 「고구려 무덤 벽화 무늬의 변천과 그 특징」 『조선고고연구』 3.

손영종, 1987. 「덕흥리 벽화무덤의 주인공의 국적 문제에 대하여」 『력사과학』 1.

_____, 1997. 「고구려 벽화무덤의 묵서명과 피장자」 『고구려발해연구』 4.

손은철, 2006. 「덕흥리 벽화무덤과 관련한 그릇된 견해에 대한 비판」 『조선고고연구』 4.

손환일, 2003. 「高句麗 古墳壁畵 銘文의 書體에 關한 硏究」 『고구려발해연구』 16.

송방송, 1984. 「長川 1號墳의 音樂史學的 점검」 『한국학보』 35.

송순탁, 2005. 「태성리 3호 무덤 및 안악 3호 무덤의 주인공에 대한 재검토」 『조선고고연구』 3.

_____, 2007. 「고국원왕릉 행렬도의 력사적 배경에 대하여」 『조선고고연구』 3.

송준혁, 2014. 「東魏 · 北齊 시기 并州 지역 고분 벽화—고구려 벽화와의 관련성을 中心으로」 『한국고
대사탐구』 18.

_____, 2015. 「북위 평성 시기 고분벽화와 고구려 고분벽화와의 연관성」 『선사와 고대』 46.

_____, 2017. 「북위 낙양 시기 석각예술과 고구려 고분벽화와의 연관성」 『사학연구』 127.

송중환, 2016. 「고구려 벽화 材料의 物性 및 結合關係 연구」 『고구려발해연구』 56.

송혜진, 2006. 「고구려 고분벽화에 표현된 북(鼓)의 유형」 『동양음악』 28.

송희경, 2020. 「한국 미술에 호명된 고구려 고분벽화」 『한국문화연구』 38.

신명숙, 2005. 「고구려 수산리 벽화의 고(鼓)문양 연구」 『민속학연구』 17.

_____, 2007. 「고구려 고분 벽화의 腰鼓 연구」 『한국무용사학』 7.

신지현, 2004. 「고구려 고분벽화에 나타난 얼굴 특징과 화장」 『한국미용학회지』 10-2.

신형식, 1992. 「角抵塚과 舞踊塚을 가다」 『백산학보』 39.

신혜성, 2009. 「고구려 복식에 표현된 고유성과 자주성에 관한 소고」 『역사민속학』 31.

심영옥, 2007. 「고구려 고분벽화의 인물풍속도에 나타난 인물화 연구」 『동양예술』 12.

深津行德, 1997. 「고구려 고분벽화를 통해서 본 종교와 사상의 연구」 『고구려발해연구』 4.

안병찬, 1987. 「보산리 및 우산리 고구려 벽화무덤의 년대에 대하여」 『조선고고연구』 2.

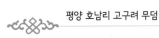
_____, 2003. 「高句麗 古墳壁畵의 製作 技法 硏究」『고구려발해연구』 16.

안상복, 2003. 「고구려의 傀儡子(廣大)와 장천1호분 앞방 왼쪽 벽 벽화 - 한국 인형극의 역사에 대한 새로운 탐색(1) - 」『한국민속학』 37.

안인희·송지영, 2016. 「고구려 고분벽화 복식 정보의 관계형 데이터베이스 설계」『한국디자인문화학회지』 22.

안정준, 2017. 「'덕흥리 벽화고분(德興里 壁畵古墳)'의 현실 동벽(玄室 東壁)에 묘사된 '칠보행사도(七寶行事圖)'의 성격 검토」『동북아역사논총』 57.

안창현, 2003. 「고구려 고분벽화에 나타난 장식문양 연구」『복식』 53.

안휘준, 1998. 「고구려의 고분벽화 −고구려 고분벽화의 흐름−」『강좌미술사』 10.

양경애, 1995. 「고구려인의 服飾文化 고찰 −集安地域 古墳壁畵를 중심으로−」『복식』 25.

_____, 1999. 「安岳 3號墳 主人公의 服飾 考察」『충청대학논문집(인문사회·예체능 편)』 16.

_____, 2004. 「고구려 고분벽화에 표현된 점문양 복식의 염색 연구」『복식』 54.

오영찬, 2005. 「고구려 벽화고분의 등장과 낙랑·대방군」『고분벽화로 본 고구려 문화』(고구려연구재단).

우정연, 2018. 「고구려 고분벽화 인물의 몸과 체화(體化) −유교 문화와의 관계를 중심으로」『백산학보』 111.

유미나, 2016. 「고구려 고분벽화와 산림문화」『산림문화전집』 5.

유송옥, 1995. 「중국 집안 고구려 고분벽화에 나타난 복식과 주변지역 비교 연구」『인문과학』 25(성균관대).

유순례, 2007. 「북한 학계의 고구려 고분벽화 복식 연구에 대한 고찰」『아시아민족조형학보』 7.

유혜선, 2005. 「고구려 쌍영총 벽화의 안료 분석(顔料分析)」『박물관보존과학』 6.

劉萱堂, 1997. 「中國 集安 高句麗 壁畵古墳과 遼東, 遼西 漢魏晉 壁畵古墳 비교 연구」『고구려발해연구』 4.

윤광수, 2005. 「연탄군 송죽리 고구려 벽화무덤」『조선고고연구』 3.

윤광혁, 2018. 「고구려 벽화무덤을 통하여 본 삼국 시기의 의장기」『민족문화유산』 1.

윤병렬, 2004. 「플라톤과 하이데거 및 고구려의 고분 벽화가 표명한 '사방'으로서의 코스모스」『현대유럽철학연구』 10.

_____, 2005. 「'거주함'의 철학적 지평—하이데거의 사유와 고구려의 고분벽화를 중심으로」『현대유럽철학연구』 11.

윤은영·김유란·강형태, 2011. 「고구려 개마총 『여인행렬도』의 안료분석」『박물관보존과학』 12.

이경란, 2019. 「고구려의 미륵신앙 고찰 – 장천1호분의 예불도를 중심으로」 『동북아역사논총』 63.

이경자, 1976. 「高句麗 古墳壁畵의 服飾 硏究」 『한국문화연구원 논총』 28.

이경희, 2009. 「평양지역 고구려 고분벽화에 보이는 묘주 복식의 성격」 『한국고대사연구』 56.

이광수, 2013. 「고구려 고분벽화에 나타나는 고대 동아시아의 조형 의식과 표현 – 안악 3호분의 인물화를 중심으로」 『단군학연구』 28.

_____, 2015. 「고대 한민족 인물상의 조형적 특성 – 고구려 덕흥리 고분벽화 묘주 초상을 중심으로」 『단군학연구』 32.

이병도, 1954. 「江西 古墳壁畵의 硏究 –主로 大墓 壁畵에 대한 硏究–」 『동방학지』 1.

이문기, 1999. 「고구려 덕흥리 고분벽화의 '칠보행사도'와 묵서명」 『역사교육논집』 25.

이병옥, 2006. 「고구려 고분벽화 지상세계도에 나타난 무용 유형 고찰」 『한국무용사학』 5.

이병옥·임청화, 1999. 「고구려 고분벽화에 함유된 무용미 분석」 『용인대학교 논문집』 17.

이상수·안병찬, 1998. 「고구려 벽화 제작기법 試考」 『고구려발해연구』 5.

이상은, 2000. 「高句麗 壁畵에 묘사된 襆에 관한 연구」 『한복문화』 3–3.

_____, 2001. 「高句麗 古墳壁畵의 服飾」 『한복문화』 4–3.

이성미, 1990. 「벽화고분」 『북한의 문화유산 Ⅱ』 (고려원).

_____, 1991. 「北韓의 美術史 硏究 現況 –古墳壁畵–」 『北韓의 韓國學 硏究成果 分析』 (韓國精神文化硏究院).

이송란, 1998. 「高句麗 古墳壁畵의 天上 表現에 나타난 火焰文의 意味와 展開」 『미술사학연구』 220.

이쌍재, 2011. 「고구려 고분벽화의 다양한 감상 수업 방안 연구 –집안 고분벽화를 중심으로」 『미술교육연구논총』 29.

이애주, 1997. 「고구려 춤의 민속학적 연구」 『고구려발해연구』 3.

_____, 1997. 「고구려 벽화에 나타난 춤의 되살림」 『고구려발해연구』 4.

이언영·정희정·이인성, 2007. 「고구려 고분 벽화에 나타난 여자 복식 특징과 디자인 고증 연구 –평양 지역을 중심으로」 『복식문화연구』 15–3.

이여성, 1949. 「최근 안악에서 발견된 고구려 시대의 고분의 벽화와 연대에 대하여」 『력사제문제』 9.

이영미, 2001. 「集安 高句麗 古墳壁畵에 나타난 服飾–五灰墳 4號墓, 5號墓를 中心으로」 『한복문화』 4–3.

이용환·이유경·조한진·이준환, 2013. 「고구려 고분벽화를 소재로 한 멀티미디어 콘텐츠 개발」 『한국융합학회논문지』 4–4.

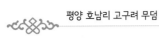

이유리, 2017. 「5세기 고구려 고분벽화에서 나타난 집안-평양 간의 교류관계 연구: 옥도리 벽화고분을 중심으로」『미술사문화비평』8.

이은창, 1985. 「韓國 古代 壁畫의 思想史的 硏究」『성곡논총』16.

_____, 1997. 「高句麗 古墳壁畫와 新羅·百濟·伽耶 古墳壁畫에 관한 比較硏究」『고구려발해연구』4.

이인철, 1997. 「安岳 3號墳의 연꽃무늬와 墨書銘」『韓國 古代의 考古와 歷史』(학연문화사).

_____, 1998. 「德興里 壁畫古墳의 墨書銘을 통해 본 고구려의 幽州 經營」『역사학보』158.

李殿福, 1997. 「고구려 고분벽화를 통하여 본 고구려 사회 생활풍속에 대한 연구」『고구려발해연구』4.

이정효·최덕경, 2007. 「장천1호분 예불도 벽화의 불상 양식 고찰」『석당논총』38.

이종수, 2008. 「關野貞의 고구려 고분벽화에 대한 조사 연구」『미술사학연구』260.

이종상, 2003. 「韓國 美術史에서 차지한 高句麗 壁畫의 位置」『고구려발해연구』16.

이진수, 2004. 「高句麗 壁畫에 보이는 기사(騎射)에 關하여」『고구려발해연구』17.

이진원, 2004. 「壁畫를 통해서 본 高句麗 音樂과 樂器」『고구려발해연구』17.

이태호, 2003. 「삼국시대 후기 고구려와 백제의 사신도 벽화」『고구려발해연구』16.

이향숙·최근희, 2009. 「고구려(高句麗) 고분벽화(古墳壁畫)에 나타난 헤어스타일 분석(分析)과 일러스트레이션」『한국미용학회지』15-4.

이혜구, 1962. 「安岳 第三號墳 壁畫의 奏樂圖」『진단학보』23.

이화수·한경순, 2006. 「고구려 고분벽화의 석회마감층에 관한 연구」『보존과학회지』19.

_____, 2014. 「한국 고대 고분벽화 제작기술에 관한 고찰」『한국전통문화연구』14.

임권웅, 2009. 「고구려 고분벽화 회벽체의 재료학적 특성에 관한 연구 – 진파리 4호분의 회벽체를 중심으로」『동북아역사논총』23.

임권웅·이종헌, 2008. 「고구려 오회분 5호묘 벽화의 조벽지(粗壁地)기법에 대한 연구– 옻칠기법의 적용 가능성에 대한 검토」『고구려발해연구』30.

임권웅·정성윤, 2012. 「이온교환수지를 이용한 고구려 고분벽화의 백색오염물질 제거에 관한 연구」『동북아역사논총』38.

임기환, 1995. 「4세기 고구려의 樂浪·帶方地域 경영 –안악 3호분·덕흥리 고분의 墨書銘 검토를 중심으로」『역사학보』147.

임두빈, 2012. 「고구려 고분벽화의 미학적 해석 – 안악 3호분과 덕흥리 고분, 무용총 벽화의 인물풍속도를 중심으로」『예술과 미디어』11.

임린·이태호, 2010. 「고구려 고분벽화에 나타난 놀이 복식」『복식』60.

임영애, 1998, 「고구려 고분벽화와 고대 중국의 서왕모 신앙」『강좌 미술사』 10.

임영자, 1991, 「飛天 服飾에 關한 考察 −敦煌 飛天과 高句麗 古墳壁畵 飛天을 中心으로−」『중국연구』 10.

_____, 1991, 「高句麗 古墳壁畵의 神仙 服飾」『도교문화연구』 5.

장경숙, 2003, 「고구려 고분벽화에 묘사된 갑주」『경주문화연구』 6.

장경혜·남후선·이정옥, 1993, 「高句麗 古墳壁畵에 나타난 服飾美 硏究」『자원문제연구』 12.

장석호, 2010, 「중앙아시아 고대 암각화와 고구려 고분벽화의 주제 및 양식 비교 연구」『중앙아시아연구』 15.

전경욱, 2004, 「壁畵를 通해서 본 高句麗의 놀이문화(演戲文化)」『고구려발해연구』 17.

전광진, 2012, 「옥도리 벽화무덤의 축조 년대에 대하여」『조선고고연구』 3.

전광진·김영일, 2019, 「보성리 벽화무덤 발굴보고」『조선고고연구』 3.

전미선, 2006, 「고구려 고분벽화의 놀이문화」『한국고대사연구』 43.

전인평, 2019, 「안악 3호분, 정가갑 5호분 그리고 봉태자분의 주악도 비교 고찰」『이화음악논집』 23−2.

전주농, 1957, 「고구려 고분 벽화에 나타난 악기에 대한 연구(1)」『문화유산』 1.

_____, 1957, 「고구려 고분 벽화에 나타난 악기에 대한 연구(2)」『문화유산』 2.

_____, 1959, 「안악《하무덤(3호분)》에 대하여」『문화유산』 5.

_____, 1961, 「최근에 발견된 고구려 벽화무덤」『문화유산』 1.

_____, 1963, 「황해남도 안악군 복사리 벽화무덤」『고고학자료집』 3.

_____, 1963, 「대동군 팔청리 벽화무덤」『고고학자료집』 3.

_____, 1963, 「전 동명왕릉 부근 벽화무덤」『고고학자료집』 3.

_____, 1963, 「다시 한 번 안악의 왕릉을 론함」『고고민속』 2.

_____, 1964, 「고구려 벽화무덤의 시원에 대하여」『고고민속』 3.

전혜숙, 1996, 「高句麗 古墳壁畵에 나타난 服飾 表現과 壁畵 場面의 象徵性 硏究」『생활과학연구논문집』 4−1(동아대).

전호태, 1989, 「5세기 高句麗 古墳壁畵에 나타난 佛敎的 來世觀」『한국사론』 21.

_____, 1990, 「高句麗 古墳壁畵에 나타난 하늘연꽃」『미술자료』 46.

_____, 1992, 「高句麗 古墳壁畵의 해와 달」『미술자료』 50.

_____, 1993, 「고구려의 오행 신앙과 사신도」『국사관논총』 48.

_____, 1993, 「고구려 장천 1호분 벽화의 서역계 인물」『울산사학』 6.

_____, 1996, 「고구려 角觝塚 壁畵 硏究」『미술자료』 57.

_____, 1997. 「高句麗 龕神塚 壁畵의 西王母」 『한국고대사연구』 11.

_____, 1997. 「高句麗 後期 四神系 古墳壁畵에 보이는 仙·佛 混合的 來世觀」 『울산사학』 7.

_____, 2000. 「고구려 고분벽화의 직녀도」 『역사와 현실』 38.

_____, 2000. 「古墳壁畵로 본 高句麗人의 神仙 信仰」 『신라문화』 17·18.

_____, 2002. 「고구려 삼실총벽화 연구」 『역사와 현실』 44.

_____, 2002. 「북한 소재 고구려 벽화고분의 보존과 관리」 『한국고대사연구』 25.

_____, 2003. 「高句麗 古墳壁畵와 동아시아 古代 葬儀 美術」 『고구려발해연구』 16.

_____, 2004. 「5世紀 平壤圈 古墳壁畵로 본 高句麗 文化의 正體性」 『고구려발해연구』 18.

_____, 2006. 「고구려 안악 3호분 재론」 『한국고대사연구』 44.

_____, 2008. 「중국의 한국고대사 인식과 고구려 고분벽화 연구」 『미술사학연구』 258.

_____, 2009. 「고구려 안악 2호분 벽화 연구」 『한국고대사연구』 54.

_____, 2011. 「고구려 수산리 벽화분 연구」 『역사문화연구』 40.

_____, 2011. 「고구려 통구 사신총 연구」 『고구려발해연구』 41.

_____, 2012. 「고분벽화로 본 고구려와 중앙아시아의 교류」 『한국고대사연구』 68.

_____, 2013. 「고구려 쌍영총 연구」 『고구려발해연구』 46.

_____, 2013. 「고구려의 건축과 주거문화」 『백산학보』 97.

_____, 2014. 「고구려 개마총 연구」 『고구려발해연구』 49.

_____, 2015. 「고구려 장천 1호분 연구」 『고구려발해연구』 52.

_____, 2015. 「고구려 진파리 1호분 연구」 『역사와 현실』 95.

_____, 2018. 「고구려 고분벽화에 보이는 세계관과 생사관」 『역사학보』 240.

_____, 2018. 「고구려 송죽리 벽화분 연구」 『선사와 고대』 57.

_____, 2020. 「고구려 고분벽화의 개」 『한국고대사연구』 97.

鄭京日, 2013. 「옥도리 벽화무덤의 피장자에 대한 약간의 고찰」 『조선고고연구』 4.

_____, 2016. 「송죽리 고구려 벽화무덤의 발굴 정형에 대하여」 『전북사학』 48.

_____, 2016. 「최근 북한 학계에서 이룩한 고구려 고고학 성과」 『선사와 고대』 47.

_____, 2017. 「최근 북한 경내 고구려 벽화무덤의 발굴조사 현황과 과제」 『사학연구』 126.

정동민, 2008. 「高句麗 重裝騎兵의 特徵과 運用形態의 變化 −古墳壁畵 資料를 중심으로−」 『한국고대사연구』 52.

정미향, 2016. 「벽화를 통해 본 고구려 여성들의 화장 풍습」 『민족문화유산』 3.

정병모, 1998. 「고구려의 고분벽화 –고구려 고분벽화의 장식문양도에 대한 고찰–」 『강좌미술사』 10.

_____, 2000. 「고구려 고분벽화 풍속화에 대한 연구」 『관광학논총』 4.

_____, 2013. 「중국 북조(北朝) 고분벽화를 통해 본 진파리 1,4호분과 강서 중, 대묘의 양식적 특징」 『강좌미술사』 41.

정수희, 2002. 「高句麗 古墳壁畵 天人像에 관한 硏究– 飛天像과 飛仙像을 중심으로」 『문물 연구』 6.

정승혜, 2017. 「古代의 譯人 – 덕흥리 벽화고분 〈太守來朝圖〉의 여성 통역관의 발견과 관련하여」 『목간과 문자』 19.

정연경, 2013. 「고구려 고분벽화에 나타나는 나무의 기능과 표현」 『기초조형학연구』 14.

정재서, 1996. 「高句麗 古墳壁畵의 神話·道敎的 題材에 대한 새로운 認識」 『백산학보』 46.

_____, 2003. 「高句麗 古墳壁畵에 表現된 道敎 圖像의 意味」 『고구려발해연구』 16.

鄭春潁, 2017. 「高句丽壁画墓的硏究历程, 反思与展望」 『선사와 고대』 53.

정호섭, 2008. 「고구려 벽화고분의 현황과 被葬者에 대한 재검토」 『민족문화연구』 49.

_____, 2009. 「高句麗 壁畵古墳에 나타난 信仰과 祭儀 양상」 『고문화』 74.

_____, 2009. 「고구려 벽화고분의 類型」 『동북아역사논총』 26.

_____, 2010. 「高句麗 壁畵古墳의 編年에 관한 檢討」 『선사와 고대』 33.

_____, 2010. 「高句麗 壁畵古墳의 銘文과 被葬者에 관한 諸問題」 『고구려발해연구』 36.

_____, 2012. 「고분벽화 문화와 디지털콘텐츠 영상」 『소통과 인문학』 14.

조법종, 2005. 「고구려 고분벽화에 나타난 단군 인식 검토 –한국 고대 동물 숭배 전통과의 관련성을 중심으로–」 『단군학연구』 12.

조선미, 1988. 「高句麗 古墳壁畵에 나타난 繪畵思想」 『蕉雨黃壽永博士古稀紀念美術史論叢』.

조연태, 2013. 「국립중앙박물관 소장 고구려 벽화 편의 보존과 분석」 『박물관보존과학』 14.

조옥례, 2001. 「쌍영총 벽화의 고구려 복식」 『한복문화』 4-3.

조우연, 2008. 「4~5세기 중엽, 평양지역 소재 고구려 벽화고분의 墓向에 관한 試論」 『한국학연구』 19.

_____, 2019. 「신발견 平壤 甫城里 고구려 벽화고분에 관한 一考」 『고구려발해연구』 64.

조재희, 1998. 「高句麗 古墳壁畵 紋樣을 응용한 陶製 裝身具 硏究」 『고구려발해연구』 5.

조진숙, 2002. 「고구려 고분벽화에 나타난 금속공예의 조형적 특질」 『조형디자인연구』 5-2.

_____, 2004. 「壁畵에 나타난 高句麗 裝身具에 關한 硏究–金屬 裝身具를 中心으로–」 『고구려발해연구』 17.

조효순, 2001. 「고구려 고분벽화에 나타난 복식 연구–안악 3호분을 중심으로」 『한복문화』 4-2.

조희승, 2009. 「황해북도 연탄군 송죽리 고구려 벽화무덤의 력사지리적 환경과 피장자 문제에 대하여」『북한의 최근 고구려사 연구』(고구려연구재단).

주수완, 2018. 「장천1호분 예불도를 통해 본 고구려의 불교 의례」『불교문예연구』 10.

주영하, 2004. 「壁畵를 通해서 본 高句麗의 飮食 風俗」『고구려발해연구』 17.

주영헌, 1959. 「고구려 벽화분의 편년 기준에 관하여」『문화유산』 6.

_____, 1960. 「고구려 벽화무덤의 구조 형식과 벽화 내용의 변화 발전(1)」『문화유산』 2.

_____, 1960. 「고구려 벽화무덤의 구조 형식과 벽화 내용의 변화 발전(2)」『문화유산』 3.

_____, 1963. 「약수리 벽화무덤 발굴보고」『고고학자료집』 3.

_____, 1963. 「안악 제3호 무덤의 피장자에 대하여」『고고민속』 2.

주영헌·박진욱·정찬영, 1975. 「고구려 무덤벽화의 특성과 그 문화사적 의의」『고고민속론문집』 6.

주재걸, 1983. 「벽화무덤을 통하여 본 고구려의 교예」『력사과학』 2.

지승철, 2019. 「고구려의 무덤 벽화에 반영된 정치·군사·문화의 독자성에 대하여」『민족유산』 3.

진영선, 2003. 「高句麗 壁畵의 材料 擴張과 現代的 適用」『고구려발해연구』 16.

차재선, 1991. 「한국 고분벽화의 일월성신도」『미술사학보』 4.

채금석, 2001. 「角抵塚, 水山里 古墳壁畵에 나타난 복식 연구」『한복문화』 4-3.

채병서, 1959. 「安岳近方 壁畵古墳 發掘手錄」『아세아연구』 2-2.

_____, 1967. 「安岳地方의 壁畵古墳」『백산학보』 2.

채미영, 1999. 「춤무덤과 씨름무덤의 벽화 재료」『고구려발해연구』 7.

_____, 2000. 「고구려 벽화무덤의 바탕재에 관한 고찰 - 석회 모르타르를 중심으로-」『고구려발해연구』 9.

_____, 2007. 「춤무덤과 씨름무덤의 벽화 구성 원리」『고구려발해연구』 28.

천석근, 1986. 「안악 제3호 무덤 벽화의 복식에 대하여」『조선고고연구』 3.

_____, 1996. 「고국원왕릉 벽화의 전각도에 대하여」『조선고고연구』 1.

_____, 2000. 「동암리 무덤벽화의 남자 머리쓰개에 대하여」『조선고고연구』 2.

최무장, 1980. 「集(輯)安 高句麗 古墳壁畵中의 舞踊」『한국고고학보』 9.

최순우, 1981. 「古墳壁畵」『韓國繪畵』 1(陶山文化社).

_____, 1981. 「高句麗 古墳壁畵 人物圖의 類型」『고고미술』 150.

최승택, 2011. 「일부 고구려 벽화무덤 연구에서 제기되는 몇 가지 문제」『조선고고연구』 2.

최옥자, 1981. 「高句麗 古墳壁畵(舞踊塚, 三室塚, 四神塚, 角抵塚)에 나타난 韓國 古代 服飾에 對한

考察」『세종대논문집』8.

최응선, 2002. 「금옥리 벽화무덤」『조선고고연구』2.

최정명, 2004. 「고구려 고분벽화에 나타난 남성의 머리 형태와 관모에 관한 연구」『한국인체미용예술학회지』5-2.

_____, 2005. 「高句麗 古墳壁畵의 여성 頭髮에 나타난 美的 표출 양상과 사회·종교적 通念의 相關關係」『한국인체미용예술학회지』6-1.

최택선, 1987. 「고구려 사신도 무덤의 등급에 대하여」『조선고고연구』3.

_____, 1988. 「고구려 사신도 무덤의 주인공 문제에 대하여」『조선고고연구』1.

최혜정, 1989. 「고구려 고분벽화에 나타난 문양과 상징성에 관한 고찰」『복식』13.

탁룡범, 2007. 「4~6세기 무덤벽화의 묵서를 통하여 본 고구려의 서체」『조선고고연구』2.

편무영, 2009. 「고구려 고분벽화 삼본연화화생의 국제성과 고유성」『동아시아고대학』20.

편집위원회, 1978. 「새로 발굴한 보산리와 우리나라 고구려 벽화무덤」『력사과학』2.

_____, 2001. 「태성리에서 새로 발굴된 고구려 벽화무덤」『조선고고연구』4.

_____, 2002. 「새로 발굴된 태성리 3호 고구려 벽화무덤」『조선고고연구』1.

_____, 2004. 「고구려 무덤 벽화무늬의 구성 배렬 형식과 그 특징」『조선고고연구』1.

_____, 2016. 「벽화 장식무늬에 깃든 고구려 사람들의 감정과 정서, 미감에 대하여」『조선고고연구』1.

_____, 2018. 「천덕리에서 발굴된 고구려 벽화무덤」『조선고고연구』3.

한경순, 2003. 「高句麗 古墳壁畵와 古代 유럽 壁畵의 比較 硏究」『고구려발해연구』16.

_____, 2010. 「高句麗 古墳壁畵 彩色 技法에 관한 硏究-석회 마감벽을 중심으로-」『강좌미술사』35.

한경순·임권웅, 2008. 「고구려 고분벽화 오염물질 제거에 관한 연구」『보존과학회지』22.

한은별, 2016. 「삼국 시기의 유적 유물에 반영된 꽃장식 무늬」『조선고고연구』3.

_____, 2016. 「고구려 무덤 벽화의 천상 세계로」『민족문화유산』4.

한인덕, 1989. 「월정리 고구려 벽화무덤 발굴 보고」『조선고고연구』4.

한인호, 1988. 「고구려 벽화무덤의 사신도에 대하여」『조선고고연구』1.

_____, 1989. 「평정리 벽화무덤 발굴 보고」『조선고고연구』2.

_____, 1992. 「환인지방에서 새로 발굴된 고구려 벽화무덤에 대하여」『조선고고연구』3.

_____, 1997. 「고구려 고분벽화를 통해 본 고구려의 건축에 관한 연구」『고구려발해연구』4.

한정인·유금화, 2009. 「고구려 고분벽화의 사신도를 응용한 의상디자인 연구 – 발염을 중심으로」

『한복문화』 12.

한정희, 2002. 「高句麗 壁畵와 中國 六朝時代 壁畵의 비교연구」 『미술자료』 68.

한천섭, 1997. 「고구려 벽화무덤의 건축조형적 특성에 대하여」 『조선고고연구』 4.

허명, 1977. 「덕화리에서 발굴된 고구려 벽화무덤」 『력사과학』 2.

홍미숙, 2019. 「안드레아스 에카르트의 고구려 고분 연구와 성과 : 강서대묘와 쌍영총을 중심으로」
『미술사학보』 52.

홍정민, 2001. 「고구려 고분벽화의 복식에 관한 연구-장천 1호분, 삼실총 벽화를 중심으로」 『한복문
화』 4-3.

황세옥, 2016. 「고구려 고분벽화 공포도 형식의 분류 체계에 관한 연구」 『문화재』 49-2.

황준연, 1997. 「고구려 고분벽화의 거문고」 『국악원논문집』 9.

황철학, 2016. 「벽화와 유물을 통하여 본 고구려 사람들의 미륵신앙 관념」 『조선고고연구』 4.

_____, 2018. 「벽화와 력사문헌 기록을 통하여 본 고구려에서의 도교 전파 시기」 『조선고고연구』 3.

■ 학위논문

간수진, 1994. 『고구려 고분벽화의 조형 분석 및 복원』, 단국대 석사학위논문.

강연희, 2004. 『고분벽화 주악도에 나타난 악기연구』, 전북대 석사학위논문.

강현숙, 2000. 『高句麗 古墳 硏究』, 서울대 박사학위논문.

고명진, 2006. 『디지털 벽화에 관한 연구』, 연세대 석사학위논문.

고영실, 1975. 『高句麗 古墳壁畵中 人物畵에 對한 類型性의 硏究』, 서울대 석사학위논문.

고영희, 1999. 『고구려 고분벽화의 신화학적 고찰』, 경기대 석사학위논문.

권경순, 2006. 『고구려 고분벽화를 응용한 회화에 관한 연구』, 홍익대 석사학위논문.

권선희, 1984. 『高句麗 四神圖의 硏究』, 홍익대 석사학위논문.

권혜영, 2001. 『北朝時代 敦煌 石窟壁畵와 高句麗 古墳壁畵에 나타난 一般 服飾의 比較硏究』, 성신여
대 석사학위논문.

김경국, 2001. 『고구려 고분벽화의 造形的 Image를 形象化한 裝身具 表現 硏究』, 광주대 석사학위논문.

김경복, 2006. 『古墳壁畵에 나타난 고구려인의 食生活』, 고려대 석사학위논문.

김근식, 2009. 『德興里 古墳壁畵의 墨書와 圖像 硏究』, 동국대 석사학위논문.

김동창, 1986. 『高句麗 古墳壁畵에 對한 硏究』, 동국대 석사학위논문.

김버들, 2001. 『高句麗 古墳壁畵에 나타난 建築 要素에 關한 硏究』, 동국대 석사학위논문.

김보람, 2014. 『고구려 벽화고분의 천정 가구에 관한 연구』, 동국대 석사학위논문.

김수민, 2002. 『古墳壁畵 狩獵圖로 본 고구려 사회상과 정신세계』, 동국대 석사학위논문.

김영, 1997. 『高句麗 古墳壁畵 硏究』, 대구대 석사학위논문.

김영래, 1992. 『高句麗 四神圖의 象徵性과 造形性에 대한 硏究』, 경희대 석사학위논문.

김영희, 1984. 『古墳壁畵에 表現된 服飾 形態의 比較 硏究』, 이화여대 석사학위논문.

김용숙, 1992. 『고구려 고분벽화와 민화의 양식적 연계성 연구』, 부산대 석사학위논문.

김정래, 2011. 『고구려 고분벽화에 나타난 춤사위 연구』, 이화여대 석사학위논문.

김정선, 1999. 『高句麗 古墳壁畵 人物象의 服飾 硏究』, 동아대 석사학위논문.

김정수, 1990. 『高句麗 古墳壁畵와 에트루스크 古墳壁畵의 比較 硏究』, 부산대 석사학위논문.

김정호, 1989. 『高句麗 古墳壁畵 服飾과 社會階層』, 숙명여대 박사학위논문.

김준자, 1968. 『高句麗 古墳壁畵의 硏究』, 홍익대 석사학위논문.

김진순, 1997. 『집안 五盔墳 4·5호묘 벽화 연구』, 홍익대 석사학위논문.

김진희, 1986. 『高句麗 古墳壁畵의 服飾과 日本 埴輪 服飾의 비교 연구』, 이화여대 석사학위논문.

김혜원, 1986. 『고분벽화에 묘사된 복식조형의 미』, 이화여대 석사학위논문.

나현수, 2005. 『고구려 고분벽화와 한국 추상회화의 연계성 연구』, 단국대 석사학위논문.

노영숙, 1987. 『고구려 고분벽화에 나타난 인물풍속도 연구』, 홍익대 석사학위논문.

류상우, 2018. 『고구려 고분벽화에 나타나는 서역인상 연구』, 홍익대 석사학위논문.

맹선영, 2006. 『고구려 고분벽화 연화문의 상징성 연구』, 강원대 석사학위논문.

박가희, 2015. 『고구려 수산리 벽화고분 연구』, 숙명여대 석사학위논문.

박선미, 1998. 『고구려 고분벽화와 돈황 벽화의 수렵도에 나타난 수렵 복식에 관한 연구』, 세종대 석사학위논문.

박성희, 1995. 『高句麗 古墳壁畵의 人物風俗圖 硏究』, 강원대 석사학위논문.

박세원, 1952. 『江西 遇賢里의 大墓』, 서울대 석사학위논문.

박수전, 1992. 『고구려 고분벽화와 조선조 민화에 있어서의 사신도 비교연구』, 부산대 석사학위논문.

박은경, 1997. 『高句麗 德興里 古墳壁畵에 반영된 宗敎思想』, 인하대 석사학위논문.

박종수, 2004. 『高句麗 古墳壁畵의 宗敎的 意味에 대한 硏究』, 한신대 석사학위논문.

박지영, 2017. 『일제강점기 고구려 벽화고분 연구』, 숙명여대 석사학위논문.

박현정, 1997. 『高句麗 古墳壁畵에 나타난 生活風俗圖의 性格』, 이화여대 석사학위논문.

박현주, 2001.『德興里 古墳 壁畫 研究』, 이화여대 석사학위논문.

박혜경, 2009.『高句麗 古墳壁畫의 雲紋 연구』, 숙명여대 석사학위논문.

백지은, 2004.『고분벽화를 중심으로 본 고구려 무용의 특징』, 강원대 석사학위논문.

서승호, 2009.『고구려 벽화를 통해 본 한민족의 삶과 사상』, 단국대 석사학위논문.

송준혁, 2018.『중국 북조 고분미술과 고구려 벽화의 비교연구』, 한국학중앙연구원 박사학위논문.

신경진, 1997.『高句麗 古墳壁畫의 繪畫的 分析』, 조선대 석사학위논문.

신윤호, 2011.『고구려 사신도에 대한 시각적 재해석』, 경북대 석사학위논문.

신은영, 1997.『고구려 고분 벽화의 현대적 수용 및 응용에 관한 연구』, 고려대 석사학위논문.

신을련, 1994.『고구려 고분벽화에 나타난 율동적 표현 연구』, 홍익대 석사학위논문.

심정순, 1996.『고분벽화에 나타난 고구려 무용의 특징 고찰』, 중앙대 석사학위논문.

안영숙, 2001.『高句麗 四神界 古墳壁畫의 陰陽五行思想』, 숙명여대 석사학위논문.

안종남, 2005.『高句麗 古墳壁畫에 나타난 武藝 形態의 調査研究』, 용인대 석사학위논문.

안진영, 2011.『안악 3호분 고분벽화에 나타난 머리모양 분석 및 재현』, 성결대 석사학위논문.

안창현, 1999.『高句麗 古墳壁畫에 나타난 裝飾 紋樣 研究』, 서울여대 석사학위논문.

양보남, 2012.『고구려 안악 3호분 주인공의 성격』, 부산대 석사학위논문.

유은규, 2003.『高句麗 古墳壁畫 三足烏 圖像의 特徵과 起源』, 서울대 석사학위논문.

유호선, 2012.『고구려 안악 3호분 벽화 연구』, 이화여대 석사학위논문.

윤경해, 2007.『高句麗 古墳壁畫의 繪畫性 研究』, 홍익대 석사학위논문.

이경란, 2016.『5세기 초 중반 고구려 고분벽화의 수목을 통해 본 미륵상생신앙』, 부경대 석사학위논문.

이경숙, 2006.『高句麗 古墳壁畫에 나타난 蓮花의 양식적 특성과 상징성에 관하여』, 대구대 박사학위
　　　　논문.

이경희, 2007.『평양지역 고구려 고분 벽화에 나타난 묘주 복식의 성격』, 인하대 석사학위논문.

이기숙, 1991.『高句麗 古墳壁畫에 나타난 人物風俗圖 研究』, 홍익대 석사학위논문.

이미영, 2001.『고분벽화와 민화의 비교 분석』, 덕성여대 석사학위논문.

이미현, 2003.『고구려 고분벽화에 나타난 남자 복식의 양식 분석』, 이화여대 석사학위논문.

이미화, 2008.『고구려 고분벽화에 나타난 장식문양 분석』, 충북대 석사학위논문.

이부실, 1994.『고구려 고분벽화에 대한 연구』, 동국대 석사학위논문.

이수정, 2011.『高句麗 壁畫墳의 構造에 관한 연구』, 고려대 석사학위논문.

이숙형, 2007.『고구려 고분벽화의 사신도 연구』, 상명대 석사학위논문.

이연서, 2016. 『삼국시대 고분벽화에 나타난 문양의 조형성 연구』, 원광대 석사학위논문.

이영미, 1993. 『古墳壁畵에 나타난 高句麗 服飾』, 명지대 석사학위논문.

이영옥, 1997. 『고구려 고분벽화의 사신도 연구』, 영남대 석사학위논문.

이유리, 2015. 『고구려 옥도리 벽화고분 연구』, 숙명여대 석사학위논문.

이유안, 2009. 『고구려 고분벽화에 나타난 직물 문양 분석』, 이화여대 석사학위논문.

이재희, 1998. 『高句麗 古墳壁畵 研究』, 성신여대 석사학위논문.

이정민, 2005. 『고분벽화에 나타난 고구려 춤 연구』, 이화여대 석사학위논문.

이종수, 2007. 『일제강점기 關野貞의 고구려 고분벽화 조사에 대한 고찰』, 명지대 석사학위논문.

이종환, 1997. 『高句麗 古墳壁畵에 대한 연구 –조형공간을 중심으로–』, 인하대 석사학위논문.

이창수, 1995. 『高句麗 古墳壁畵 속에 나타난 繪畵的 特性 研究』, 관동대 석사학위논문.

이태호, 1978. 『韓國의 古代 山水畵–高句麗 古墳壁畵를 中心으로』, 홍익대 석사학위논문.

이화수, 2005. 『고구려 고분벽화의 석회마감층에 관한 연구』, 경주대 석사학위논문.

인선영, 2009. 『高句麗 古墳壁畵에 표현된 天上世界』, 홍익대 석사학위논문.

장경혜, 1990. 『高句麗 古墳壁畵에 나타난 服飾美의 一考察』, 영남대 석사학위논문.

장엽, 2009. 『高句麗 古墳壁畵를 통하여 본 高句麗人의 生活習俗』, 부산외국어대 석사학위논문.

장윤진, 1995. 『高句麗 古墳壁畵의 藝術性 考察』, 전북대 석사학위논문.

장은영, 1996. 『문양을 중심으로 한 고구려 사신도 연구』, 숙명여대 석사학위논문.

전미선, 2005. 『高句麗 古墳壁畵에 나타난 놀이문화 연구』, 이화여대 석사학위논문.

전준자, 1968. 『高句麗 古墳壁畵의 研究』, 홍익대 석사학위논문.

전혜숙, 1996. 『高句麗 古墳壁畵의 造形的 特性과 服飾의 表現 研究』, 세종대 박사학위논문.

전호태, 1989. 『5세기 高句麗 古墳壁畵에 나타난 佛敎的 來世觀』, 서울대 석사학위논문.

_____, 1997. 『고구려 고분벽화 연구』, 서울대 박사학위논문.

鄭京日, 2007. 『高句麗 弓矢文化에 대한 一考察』, 선문대 석사학위논문.

정동민, 2007. 『고구려 고분벽화에 나타난 중장기병의 변화와 운용 형태』, 한국외국어대 석사학위논문.

정명숙, 2008. 『고대 중국 고분벽화와 고구려 고분벽화의 관련성』, 부산대 석사학위논문.

정상수, 2003. 『고구려 고분벽화와 조선시대 수묵 인물화에 나타난 인물 표현 연구』, 충북대 석사학위논문.

정수희, 2001. 『高句麗 古墳壁畵의 天人像 研究』, 동아대 석사학위논문.

정완진, 2003. 『고구려 고분벽화 복식의 지역적 특성과 변천』, 서울대 박사학위논문.

정진희, 1996. 『高句麗 古墳壁畫의 天人像 연구』, 동국대 석사학위논문.

정호섭, 2009. 『高句麗 古墳의 造營과 祭儀』, 고려대 박사학위논문.

정화승, 2018. 『고구려 석벽 고분벽화 재현실험을 통한 칠예(漆藝)기법의 적용 가능성 연구』, 중앙대 석사학위논문.

조동석, 2005. 『高句麗 古墳壁畫의 樹木과 山岳 圖像 硏究』, 홍익대 석사학위논문.

조병기, 2001. 『高句麗 古墳壁畫의 來世觀 表現에 관한 硏究』, 대구대 석사학위논문.

조우연, 2005. 『5世紀 初 高句麗 古墳壁畫에 反映된 死後觀』, 인하대 석사학위논문.

조필현, 2009. 『고분 벽화를 통해 본 고구려 중장기병』, 전북대 석사학위논문.

지미화, 2007. 『高句麗 古墳壁畫의 裙에 관한 연구』, 성균관대 석사학위논문.

지영섭, 1989. 『民畫와 高句麗 古墳壁畫의 造形的 特性 比較 硏究』, 중앙대 석사학위논문.

채미영, 1999. 『무용총·각저총 색채에 관한 고찰』, 경주대 석사학위논문.

최융기, 1996. 『高句麗의 古墳壁畫에 보이는 體育』, 한양대 석사학위논문.

최혜정, 1989. 『高句麗 古墳壁畫에 나타난 紋樣과 象徵性에 關한 考察』, 세종대 석사학위논문.

최혜진, 2012. 『6~7세기 고구려 사신도 고분벽화의 특징과 의미』, 부산대 석사학위논문.

허정임, 1987. 『韓國 古代 繪畫와 巫俗信仰에 관한 硏究 -古墳壁畫를 中心으로-』, 계명대 석사학위논문.

허정희, 2001. 『安岳 3號墳의 主人公 服飾에 관한 硏究』, 동아대 석사학위논문.

황신나, 2001. 『고구려 고분벽화 채색 연구』, 한남대 석사학위논문.

황용순, 2007. 『고구려 고분벽화와 중국 고분벽화와의 관계』, 선문대 석사학위논문.

사 진

사진 1. 호남리 고구려 돌방 봉토무덤 조사단원(2013년)

사진 2. 호남리 사신총 및 토포리 대묘 부근 고구려 무덤떼 전경, 서쪽에서 바라본 모습

사진 3. 호남리 사신총 전경, 남쪽에서 바라본 모습

사진 4. 호남리 사신총 표지비

사진 5. 호남리 사신총 세계문화유산 등록 표지비

사진 6. 호남리 사신총에서 바라본 남쪽 무덤떼

사진 7. 호남리 사신총에서 바라본 서남쪽 무덤떼

사진 8. 토포리 대묘 전경, 남쪽에서 바라본 모습

사진 9. 토포리 대묘 전경, 동쪽에서 바라본 모습

사진 10. 토포리 대묘 세계문화유산 등록 표지비

사진 11. 토포리 고구려 무덤떼 표지비

사진 12. 토포리 무덤떼 전경, 동쪽에서 바라본 모습

사진 13. 토포리 대묘에서 바라본 남쪽 무덤떼

사진 14. 토포리 대묘에서 바라본 서쪽 무덤떼

사진 15. 호남리 고구려 돌방 봉토무덤 발굴지역 원경, 발굴 전(2013년)

사진 16. 호남리 고구려 돌방 봉토무덤 발굴지역 전경, 발굴 전(2013년)

사진 17. 호남리 고구려 돌방 봉토무덤 발굴지역 전경, 발굴 후(2013년)

사진 18. 호남리 18호 고구려 벽화무덤, 남쪽에서 바라본 발굴 전의 모습

사진 19. 호남리 18호 고구려 벽화무덤, 널방 마감천정돌 결실 상태

사진 20. 호남리 18호 고구려 벽화무덤, 널길 천정돌 노출 상태

사진 21. 호남리 18호 고구려 벽화무덤, 널길 발굴과정에 드러난 폐쇄돌 상태 1

사진 22. 호남리 18호 고구려 벽화무덤, 널길 발굴과정에 드러난 폐쇄돌 상태 2

사진 23. 호남리 18호 고구려 벽화무덤, 널길 발굴과정에 드러난 폐쇄돌 상태 3

사진 24. 호남리 18호 고구려 벽화무덤, 널길

사진 25. 호남리 18호 고구려 벽화무덤, 널방 안쪽에서 바라본 널길

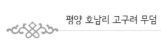

사진 26. 호남리 18호 고구려 벽화무덤, 널길 바닥 회미장 상태

사진 27. 호남리 18호 고구려 벽화무덤, 널길 입구 턱 시설

사진 28. 호남리 18호 고구려 벽화무덤, 널길 안쪽 문턱 시설

사진 29. 호남리 18호 고구려 벽화무덤, 널길 안쪽 문 시설 낸 밑부분 문확 구멍

사진 30. 호남리 18호 고구려 벽화무덤, 널길 안쪽 문 시설 낸 윗부분 문확 구멍

사진 31. 호남리 18호 고구려 벽화무덤, 널길 안쪽 문 시설 낸 동쪽 밑부분 문확 구멍

사진 32. 호남리 18호 고구려 벽화무덤, 널길 안쪽 문 시설 낸 서쪽 밑부분 문확 구멍

사진 33. 호남리 18호 고구려 벽화무덤, 널길 안쪽 문 시설 낸 동쪽 윗부분 문확 구멍

사진 34. 호남리 18호 고구려 벽화무덤, 널길 안쪽 문 시설 낸 서쪽 윗부분 문확 구멍

사진 35. 호남리 18호 고구려 벽화무덤, 널방 입구 부분 널길의 동벽

사진 36. 호남리 18호 고구려 벽화무덤, 널방 입구 부분 널길의 서벽

사진 37. 호남리 18호 고구려 벽화무덤, 널길 천정 축조 상태

사진 38. 호남리 18호 고구려 벽화무덤, 널방 바닥 다짐 상태

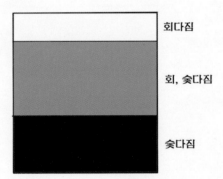

회다짐

회, 숯다짐

숯다짐

사진 39. 호남리 18호 고구려 벽화무덤, 널방 바닥 돌다짐 상태

사진 40. 호남리 18호 고구려 벽화무덤, 널방 바닥 숯다짐 상태

사진 41. 호남리 18호 고구려 벽화무덤, 널방 동벽

사진 42. 호남리 18호 고구려 벽화무덤, 널방 동벽 북쪽 부분

사진 43. 호남리 18호 고구려 벽화무덤, 널방 동벽 남쪽 부분

사진 44. 호남리 18호 고구려 벽화무덤, 널방 북벽

사진 45. 호남리 18호 고구려 벽화무덤, 널방 북벽 서쪽 부분

사진 46. 호남리 18호 고구려 벽화무덤, 널방 북벽 동쪽 부분

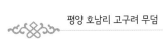

사진 47. 호남리 18호 고구려 벽화무덤, 널방 서벽

사진 48. 호남리 18호 고구려 벽화무덤, 널방 서벽 남쪽 부분

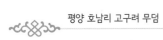

사진 49. 호남리 18호 고구려 벽화무덤, 널방 서벽 북쪽 부분

사진 50. 호남리 18호 고구려 벽화무덤, 널방 남벽

사진 51. 호남리 18호 고구려 벽화무덤, 널방 남벽 동쪽 부분 벽체

사진 52. 호남리 18호 고구려 벽화무덤. 널방 남벽 서쪽 부분 벽체

사진 53. 호남리 18호 고구려 벽화무덤, 널방 동남 모서리 축조 상태

사진 54. 호남리 18호 고구려 벽화무덤, 널방 동북 모서리 축조 상태

사진 55. 호남리 18호 고구려 벽화무덤, 널방 서북 모서리 축조 상태

사진 56. 호남리 18호 고구려 벽화무덤, 널방 서남 모서리 축조 상태

사진 57. 호남리 18호 고구려 벽화무덤, 널방 동쪽 천정 평행고임 축조 상태

사진 58. 호남리 18호 고구려 벽화무덤, 널방 북쪽 천정 평행고임 축조 상태

사진 59. 호남리 18호 고구려 벽화무덤, 널방 서쪽 천정 평행고임 축조 상태

사진 60. 호남리 18호 고구려 벽화무덤, 널방 남쪽 천정 평행고임 축조 상태

119

사진 61. 호남리 18호 고구려 벽화무덤, 널방 동남 모서리 삼각고임 1 단 축조 상태

사진 62. 호남리 18호 고구려 벽화무덤, 널방 동북 모서리 삼각고임 1 단 축조 상태

사진 63. 호남리 18호 고구려 벽화무덤, 널방 서북 모서리 삼각고임 1단 축조 상태

사진 64. 호남리 18호 고구려 벽화무덤, 널방 서남 모서리 삼각고임 1단 축조 상태

사진 65. 호남리 18호 고구려 벽화무덤, 널방 동쪽 천정 삼각고임 2 단 축조 상태

사진 66. 호남리 18호 고구려 벽화무덤, 널방 북쪽 천정 삼각고임 2 단 축조 상태

사진 67. 호남리 18호 고구려 벽화무덤, 널방 서쪽 천정 삼각고임 2 단 축조 상태

사진 68. 호남리 18호 고구려 벽화무덤, 널방 남쪽 천정 삼각고임 2 단 축조 상태

사진 69. 호남리 18호 고구려 벽화무덤, 널방 천정 북쪽 부분 축조 상태

사진 70. 호남리 18호 고구려 벽화무덤, 널방 천정 남쪽 부분 축조 상태

사진 71. 호남리 18호 고구려 벽화무덤, 천정 부분 드러난 상태

사진 72. 호남리 18호 고구려 벽화무덤, 널받침

사진 73. 호남리 18호 고구려 벽화무덤, 널방 바닥에 안치된 동쪽 널받침

사진 74. 호남리 18호 고구려 벽화무덤, 널방 바닥에 안치된 서쪽 널받침

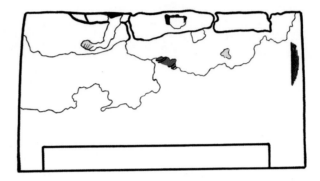

사진 75. 호남리 18호 고구려 벽화무덤, 널방 동벽 벽화 1

사진 76. 호남리 18호 고구려 벽화무덤, 널방 동벽 벽화 2

사진 77. 호남리 18호 고구려 벽화무덤, 널방 동벽 벽화 3

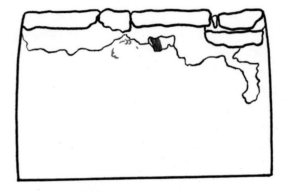

사진 78. 호남리 18호 고구려 벽화무덤, 널방 북벽 벽화

사진 79. 호남리 18호 고구려 벽화무덤, 널방 북벽 벽화 세부 1

사진 80. 호남리 18호 고구려 벽화무덤, 널방 북벽 벽화 세부 2

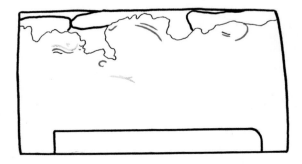

사진 81. 호남리 18호 고구려 벽화무덤, 널방 서벽 벽화 확인 작업

사진 82. 호남리 18호 고구려 벽화무덤, 널방 서벽 벽화 1

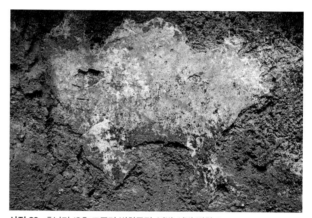

사진 83. 호남리 18호 고구려 벽화무덤, 널방 서벽 벽화 2

사진 84. 호남리 18호 고구려 벽화무덤, 널방 서벽 벽화 3

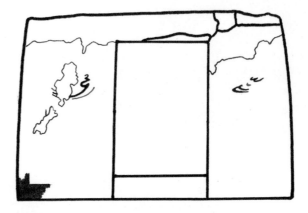

사진 85. 호남리 18호 고구려 벽화무덤, 남벽 서쪽 부분 벽화

사진 86. 호남리 18호 고구려 벽화무덤, 남벽 동쪽 부분 벽화 1

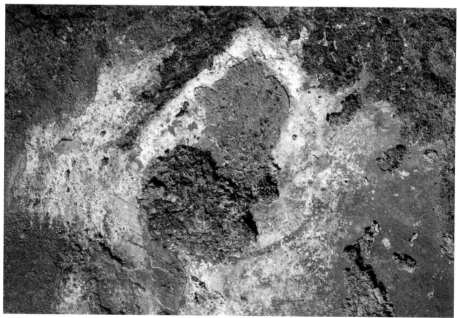

사진 87. 호남리 18호 고구려 벽화무덤, 남벽 동쪽 부분 벽화 2

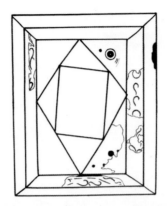

사진 88. 호남리 18호 고구려 벽화무덤, 널방 동쪽 천정 평행고임 2 단 벽화 1

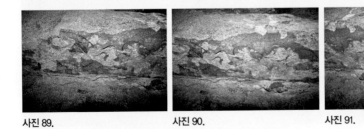

사진 89.   **사진 90.**   **사진 91.**

호남리 18호 고구려 벽화무덤, 널방 동쪽 천정 평행고임 2 단 벽화 1 세부

사진 92. 호남리 18호 고구려 벽화무덤, 널방 동쪽 천정 평행고임 2 단 벽화 2

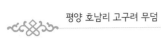

사진 93. 호남리 18호 고구려 벽화무덤, 널방 서쪽 부분 천정 평행고임 2 단 벽화

사진 94. 호남리 18호 고구려 벽화무덤, 널방 서쪽 부분
천정 평행고임 2 단 벽화 세부 1

사진 95. 호남리 18호 고구려 벽화무덤, 널방 서쪽 부분 천정
평행고임 2 단 벽화 세부 2

사진 96. 호남리 18호 고구려 벽화무덤, 널방 서쪽 부분 천정 평행고임 2 단 벽화 세부 3

139

사진 97. 호남리 18호 고구려 벽화무덤. 널방 남쪽 천정 평행고임 2 단 벽화

사진 98. 호남리 18호 고구려 벽화무덤, 널방 남쪽 천정
평행고임 2단 벽화 세부 1

사진 99. 호남리 18호 고구려 벽화무덤, 널방 남쪽 천정
평행고임 2단 벽화 세부 2

사진 100. 호남리 18호 고구려 벽화무덤, 널방 남쪽 천정 평행고임 2단 벽화 세부 3

사진 101. 호남리 18호 고구려 벽화무덤, 널방 동남 모서리 삼각고임 1단 벽화

사진 102. 호남리 18호 고구려 벽화무덤, 널방 동남 모서리 삼각고임 1단 벽화 세부 1

사진 103. 호남리 18호 고구려 벽화무덤, 널방 동남 모서리 삼각고임 1 단 벽화 세부 2

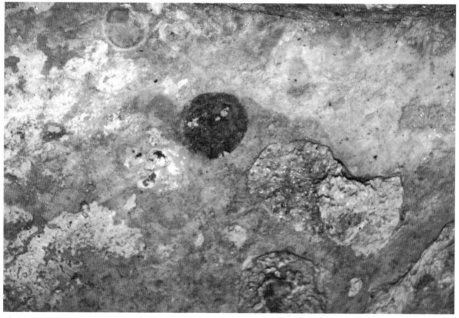

사진 104. 호남리 18호 고구려 벽화무덤, 널방 동남 모서리 삼각고임 1 단 벽화 세부 3

사진 105. 호남리 18호 고구려 벽화무덤, 널방 동북 모서리 삼각고임 1 단 벽화

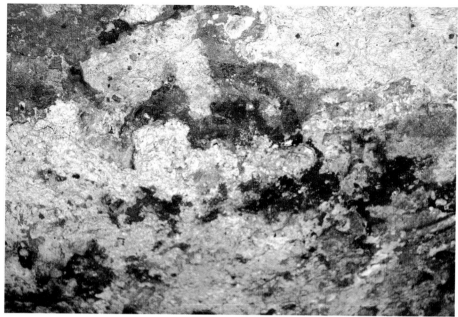

사진 106. 호남리 18호 고구려 벽화무덤, 널방 동북 모서리 삼각고임 1단 벽화 세부 1

사진 107. 호남리 18호 고구려 벽화무덤, 널방 동북 모서리 삼각고임 1단 벽화 세부 2

사진 108. 호남리 18호 고구려 벽화무덤, 널방 동벽에서 수습된 벽화조각 1

사진 109. 호남리 18호 고구려 벽화무덤, 널방 동벽에서 수습된 벽화조각 2

사진 110. 호남리 18호 고구려 벽화무덤, 널방 동벽에서 수습된 벽화조각 3

사진 111. 호남리 18호 고구려 벽화무덤, 널방 동벽에서 수습된 벽화조각 4

사진 112. 호남리 18호 고구려 벽화무덤, 널방 동벽에서 수습된 벽화조각 5

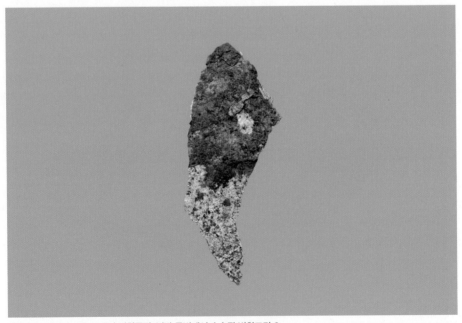

사진 113. 호남리 18호 고구려 벽화무덤, 널방 동벽에서 수습된 벽화조각 6

사진 114. 호남리 18호 고구려 벽화무덤, 널방 서벽에서 수습된 벽화조각 1

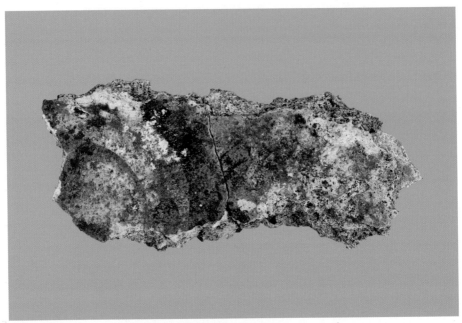

사진 115. 호남리 18호 고구려 벽화무덤, 널방 서벽에서 수습된 벽화조각 2

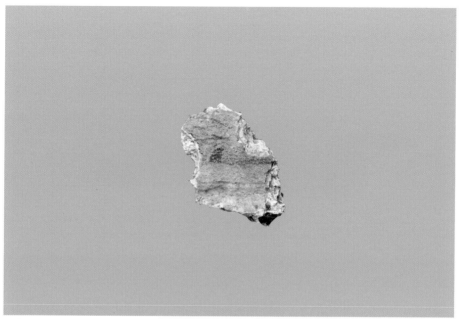

사진 116. 호남리 18호 고구려 벽화무덤, 널방 남벽에서 수습된 벽화조각 1

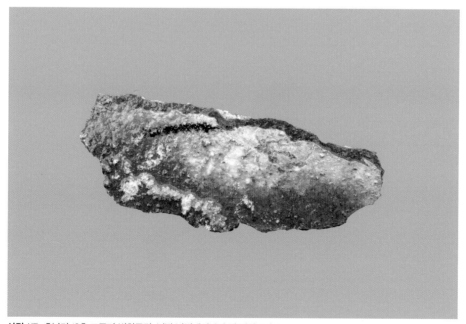

사진 117. 호남리 18호 고구려 벽화무덤, 널방 남벽에서 수습된 벽화조각 2

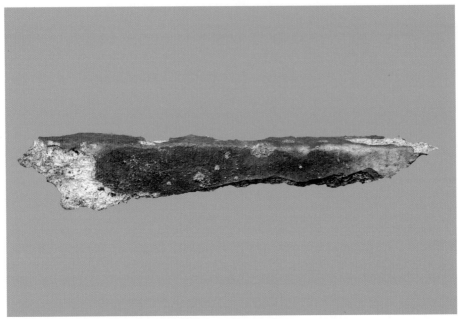

사진 118. 호남리 18호 고구려 벽화무덤, 널방 남벽에서 수습된 벽화조각 3

사진 119. 호남리 18호 고구려 벽화무덤, 널방 남벽에서 수습된 벽화조각 4

사진 120. 호남리 18호 고구려 벽화무덤, 널방 남벽에서 수습된 벽화조각 5

사진 121. 호남리 18호 고구려 벽화무덤, 널방 남벽에서 수습된 벽화조각 6

사진 122. 호남리 18호 고구려 벽화무덤, 널방 서쪽 천정 부분에서 나온 벽화조각 1

사진 123. 호남리 18호 고구려 벽화무덤, 널방 서쪽 천정 부분에서 나온 벽화조각 2

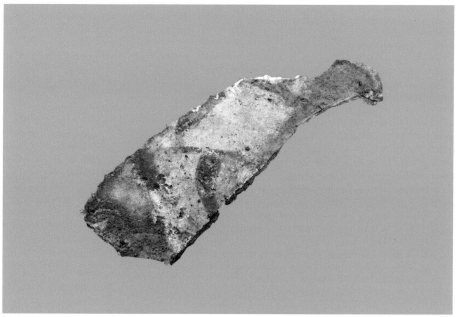

사진 124. 호남리 18호 고구려 벽화무덤, 널방 서쪽 천정 부분에서 나온 벽화조각 3

사진 125. 호남리 18호 고구려 벽화무덤, 널방 서쪽 천정 부분에서 나온 벽화조각 4

사진 126. 호남리 18호 고구려 벽화무덤, 널방 서쪽 천정 부분에서 나온 벽화조각 5

사진 127. 호남리 18호 고구려 벽화무덤, 널방 서쪽 천정 부분에서 나온 벽화조각 6

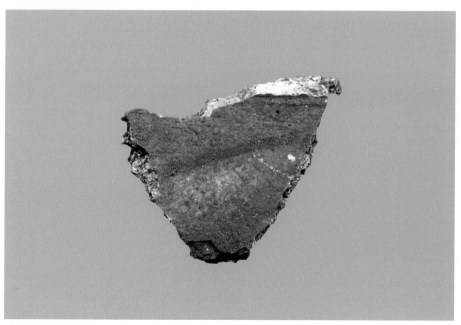

사진 128. 호남리 18호 고구려 벽화무덤, 널방 서쪽 천정 부분에서 나온 벽화조각 7

사진 129. 호남리 18호 고구려 벽화무덤, 널방 서쪽 천정 부분에서 나온 벽화조각 8

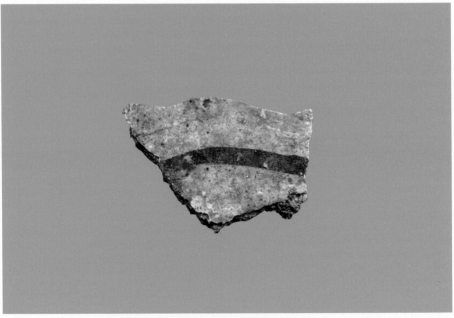

사진 130. 호남리 18호 고구려 벽화무덤, 널방 서쪽 천정 부분에서 나온 벽화조각 9

사진 131. 호남리 18호 고구려 벽화무덤, 널방 서쪽 천정 부분에서 나온 벽화조각 10

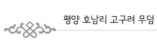

사진 132. 호남리 18호 고구려 벽화무덤, 널방 남쪽 천정 부분에서 나온 벽화조각 1

사진 133. 호남리 18호 고구려 벽화무덤, 널방 남쪽 천정 부분에서 나온 벽화조각 2

사진 134. 호남리 18호 고구려 벽화무덤, 널방 남쪽 천정 부분에서 나온 벽화조각 3

사진 135. 호남리 18호 고구려 벽화무덤, 널방 남쪽 천정 부분에서 나온 벽화조각 4

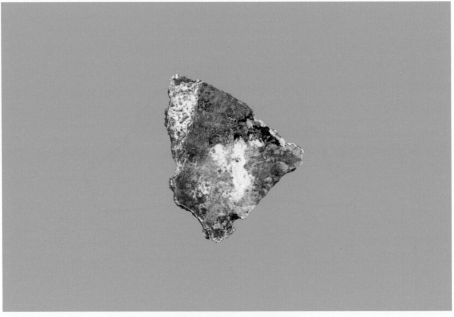

사진 136. 호남리 18호 고구려 벽화무덤, 널방 남쪽 천정 부분에서 나온 벽화조각 5

사진 137. 호남리 18호 고구려 벽화무덤, 널방 남쪽 천정 부분에서 나온 벽화조각 6

사진 138. 호남리 18호 고구려 벽화무덤, 널방 남쪽 천정 부분에서 나온 벽화조각 7

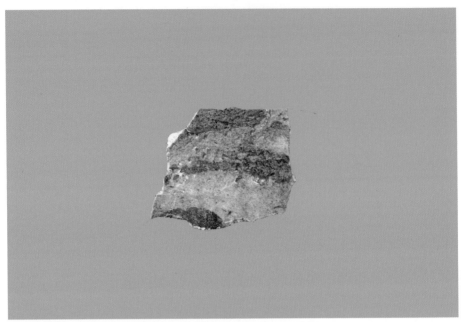

사진 139. 호남리 18호 고구려 벽화무덤, 널방 남쪽 천정 부분에서 나온 벽화조각 8

사진 140. 호남리 18호 고구려 벽화무덤, 널방 남쪽 천정 부분에서 나온 벽화조각 9

사진 141. 호남리 18호 고구려 벽화무덤, 널방 남쪽 천정 부분에서 나온 벽화조각 10

사진 142. 호남리 18호 고구려 벽화무덤, 널방 남쪽 천정 부분에서 나온 벽화조각 11

165

사진 143. 호남리 18호 고구려 벽화무덤, 널방 남쪽 천정 부분에서 나온 벽화조각 12

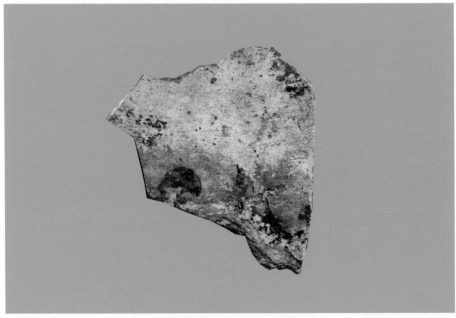

사진 144. 호남리 18호 고구려 벽화무덤, 널방 남쪽 천정 부분에서 나온 벽화조각 13

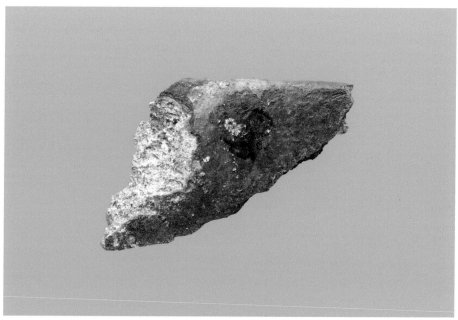

사진 145. 호남리 18호 고구려 벽화무덤, 널방 남쪽 천정 부분에서 나온 벽화조각 14

사진 146. 호남리 18호 고구려 벽화무덤, 널방 남쪽 천정 부분에서 나온 벽화조각 15

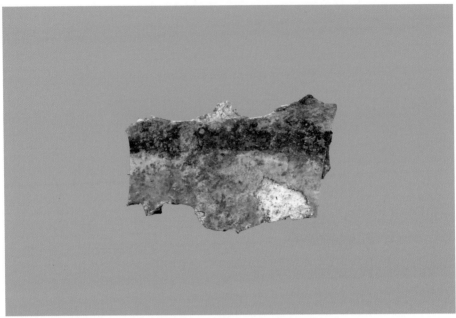

사진 147. 호남리 18호 고구려 벽화무덤, 널방 남쪽 천정 부분에서 나온 벽화조각 16

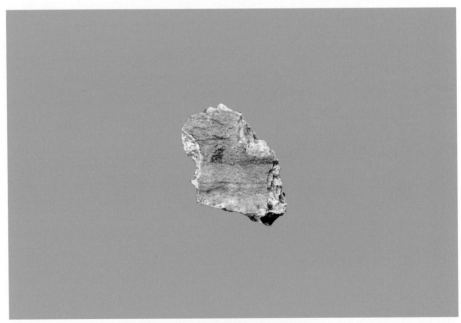

사진 148. 호남리 18호 고구려 벽화무덤, 널방 남쪽 천정 부분에서 나온 벽화조각 17

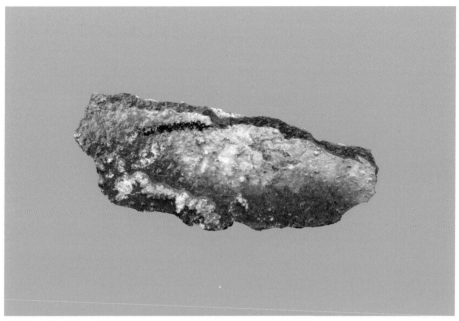

사진 149. 호남리 18호 고구려 벽화무덤, 널방 남쪽 천정 부분에서 나온 벽화조각 18

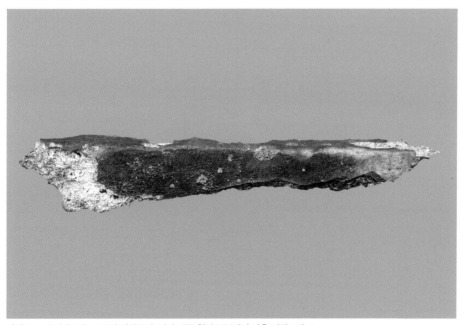

사진 150. 호남리 18호 고구려 벽화무덤, 널방 남쪽 천정 부분에서 나온 벽화조각 19

사진 151. 호남리 18호 고구려 벽화무덤, 널방 남쪽 천정 부분에서 나온 벽화조각 20

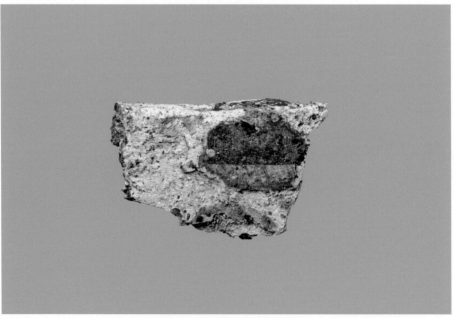

사진 152. 호남리 18호 고구려 벽화무덤, 널방 남쪽 천정 부분에서 나온 벽화조각 21

사진 153. 호남리 18호 고구려 벽화무덤, 널방 남쪽 천정 부분에서 나온 벽화조각 22

사진 154. 호남리 18호 고구려 벽화무덤, 널방 남쪽 천정 부분에서 나온 벽화조각 23

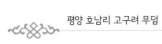

사진 155. 호남리 18호 고구려 벽화무덤, 쇠널못 출토 상태 1

사진 156. 호남리 18호 고구려 벽화무덤, 쇠널못 출토 상태 세부 1-1

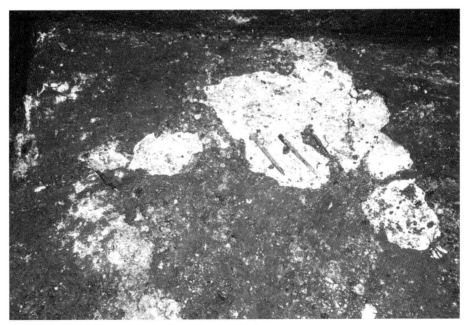

사진 157. 호남리 18호 고구려 벽화무덤, 쇠널못 출토 상태 세부 1-2

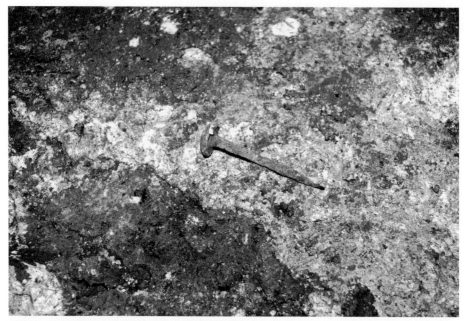

사진 158. 호남리 18호 고구려 벽화무덤, 쇠널못 출토 상태 세부 1-3

사진 159. 호남리 18호 고구려 벽화무덤, 쇠널못 출토 상태 세부 1-4

사진

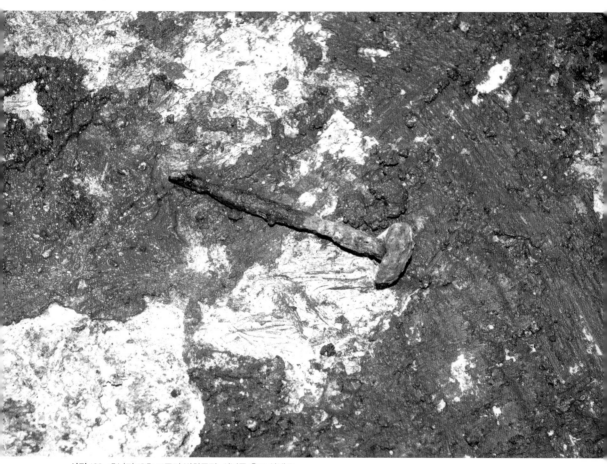

사진 160. 호남리 18호 고구려 벽화무덤, 쇠널못 출토 상태 2

사진 161. 호남리 19호 고구려 돌방 봉토무덤, 전경

사진 162. 호남리 19호 고구려 돌방 봉토무덤, 널길 폐쇄벽 드러난 모습

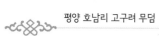

사진 163. 호남리 19호 고구려 돌방 봉토무덤, 남쪽에서 바라본 모습

사진 164. 호남리 19호 고구려 돌방 봉토무덤, 북쪽에서 바라본 모습

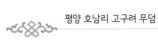

사진 165. 호남리 19호 고구려 돌방 봉토무덤, 남쪽에서 바라본 널길

사진 166. 호남리 19호 고구려 돌방 봉토무덤, 북쪽에서 바라본 널길

사진 167. 호남리 19호 고구려 돌방 봉토무덤, 남쪽에서 바라본 막음판돌

사진 168. 호남리 19호 고구려 돌방 봉토무덤, 동쪽에서 바라본 막음판돌

사진 169. 호남리 19호 고구려 돌방 봉토무덤. 널길 동쪽 부분 막음판돌 고정 상태

사진 170. 호남리 19호 고구려 돌방 봉토무덤, 널길 서쪽 부분 막음판돌 고정 상태

사진 171. 호남리 19호 고구려 돌방 봉토무덤, 널길 문턱 시설

사진 172. 호남리 19호 고구려 돌방 봉토무덤, 널방

사진 173. 호남리 19호 고구려 돌방 봉토무덤, 널방 북벽

사진 174. 호남리 19호 고구려 돌방 봉토무덤, 널방 남벽

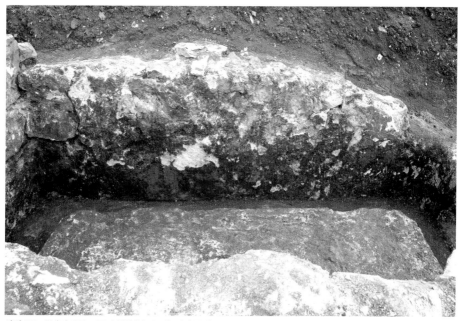

사진 175. 호남리 19호 고구려 돌방 봉토무덤, 널방 동벽

사진 176. 호남리 19호 고구려 돌방 봉토무덤, 널방 서벽

사진 177. 호남리 19호 고구려 돌방 봉토무덤, 널받침

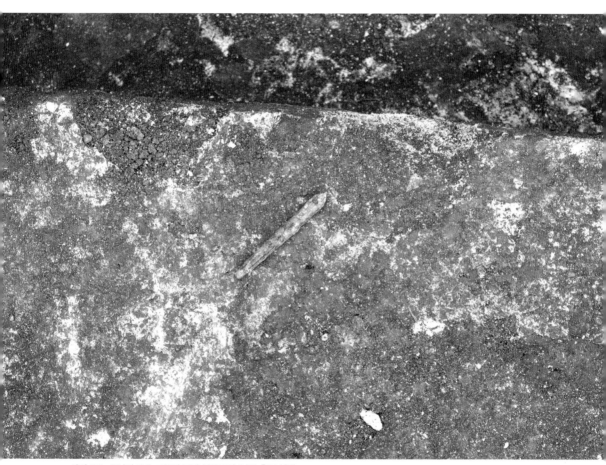

사진 178. 호남리 19호 고구려 돌방 봉토무덤. 널못 출토 상태

사진 179. 호남리 20호 고구려 돌방 봉토무덤, 남쪽에서 바라본 모습

사진 180. 호남리 20호 고구려 돌방 봉토무덤, 북쪽에서 바라본 모습

사진 181. 호남리 20호 고구려 돌방 봉토무덤, 널길

사진 182. 호남리 20호 고구려 돌방 봉토무덤, 널방

사진 183. 호남리 20호 고구려 돌방 봉토무덤, 널방 북벽

사진 184. 호남리 20호 고구려 돌방 봉토무덤, 널방 남벽

사진 185. 호남리 20호 고구려 돌방 봉토무덤, 널방 동벽

사진 186. 호남리 20호 고구려 돌방 봉토무덤, 널방 서벽

사진 187. 호남리 20호 고구려 돌방 봉토무덤, 널받침

사진 188. 호남리 20호 고구려 돌방 봉토무덤, 널받침 세부 1

사진 189. 호남리 20호 고구려 돌방 봉토무덤, 널받침 세부 2

사진 190. 호남리 20호 고구려 돌방 봉토무덤, 널방 바닥에서 쇠널못 출토 상태 1

사진 191. 호남리 20호 고구려 돌방 봉토무덤, 널방 바닥에서 쇠널못 출토 상태 2

사진 192. 호남리 20호 고구려 돌방 봉토무덤, 널방 바닥에서 쇠널못 출토 상태 3

사진 193. 호남리 21호 고구려 돌방 봉토무덤, 발굴과정에 드러난 천정돌

199

사진 194. 호남리 21호 고구려 돌방 봉토무덤, 남쪽에서 바라본 모습

사진 195. 호남리 21호 고구려 돌방 봉토무덤, 북쪽에서 바라본 모습

사진 196. 호남리 21호 고구려 돌방 봉토무덤, 북벽

사진 197. 호남리 21호 고구려 돌방 봉토무덤, 동벽

사진 198. 호남리 21호 고구려 돌방 봉토무덤, 서벽

사진 199. 호남리 21호 고구려 돌방 봉토무덤, 쇠널못 출토 상태 1

사진 200. 호남리 21호 고구려 돌방 봉토무덤, 쇠널못 출토 상태 2

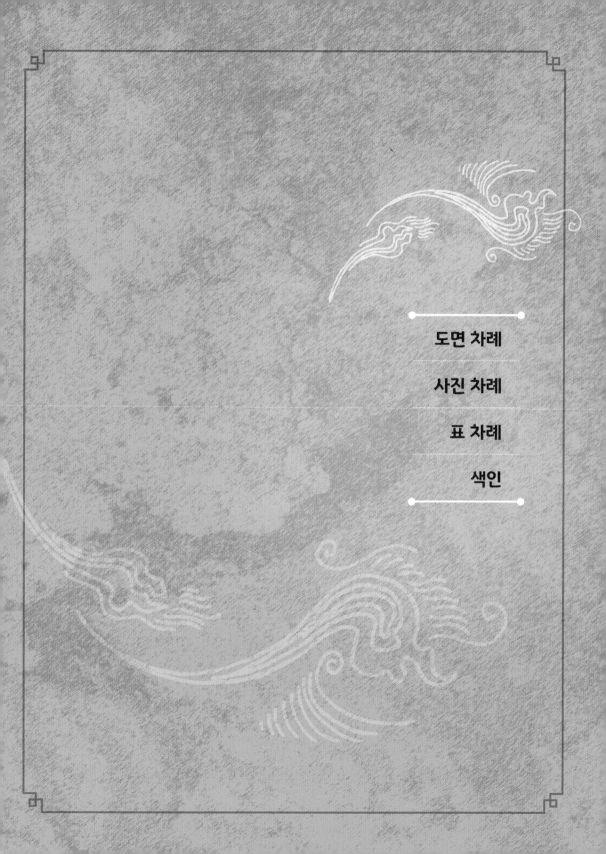

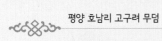

호남리 18호 벽화무덤

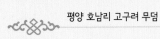

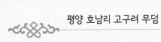

호남리 19호 무덤

호남리 20호 무덤

호남리 21호 무덤

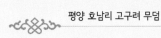

[색인]

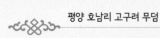